知識ゼロでも安心して始められる！

Zoom
営業の
教科書

採用戦略研究所

ザメディアジョン

読者のみなさまへのご注意

本書に記載する製品名、企業名は各社の商標、商号、または登録商標です。
本書に記載するZoomをはじめ、各サービスの機能や価格等の情報は
2020年7月時点での内容となります。現在では変更が生じている可能性
がありますので、ご留意ください。

はじめに

この本を手に取っていただいたみなさまは、おそらく

「まだ、Zoom営業を実践していない」
「でも、可能性の大きさに薄々気がついている」

という方ではないでしょうか。

Zoomは、近年知られるようになったばかりのツールです。
しかし、Zoomを手段として使う営業「Zoom営業」は既に
「知っている人は、もう当然のように行っている」
営業手段のひとつとなっています。

2020年前半の新型コロナウイルス感染症の影響下、
対面での営業活動ができないなかで、事態を打開するために実践し
すでに確かな手ごたえと実績をあげています。

それでは、次のページでは、
実際に2020年春からZoom営業を実践してみた方々の声を紹介しましょう。アンケートの実施が6月ですから、約2〜3カ月実践している
方々です。

Zoom営業を全社的に導入した企業

　弊社とお付き合いのある、eラーニングなどのWEB動画サービスの制作・販売を手がける企業では、2020年4月の時点で、Zoomなどを活用したオンライン営業を全社的に推進しました。
　新型コロナウイルス感染症の拡大による営業活動への支障が、長期化することを見据えたからです。

　実践をはじめてわかった最大の効果は、「1日の商談数の増加」。1日に5件以上の商談がコンスタントにできることで、外出自粛制限がかかっている状況下でも受注目標に到達することができたといいます。スタッフの心身の健康への負担を軽減しながら生産性を高めている点も見逃せないメリットです。

　ただし、会社を挙げて推進しているだけあって、しっかり準備をされていることがわかります。

　Zoom営業におけるロールプレイングを徹底して実践し、それによって生じるトラブルや支障への対処方法や、効果的なトークスクリプトなど、さまざまなナレッジを共有していることが見受けられます。

Zoom営業の効果は？

2020年4月より全社的にZoomなどのオンライン営業に切り替えました。時間効率が良く、1日5商談が可能になったことでコロナ影響下でも受注目標を達成しています。

Zoom営業のメリットは？

- ☑ 商談数の増加と交通費の削減
- ☑ 営業スタッフの体力的な負担の軽減
- ☑ 顧客へのフォローアップにかけられる時間の増加

Zoom営業の注意点は？

Zoom営業では、事前にロープレを徹底し、通信障害などのトラブルが生じた際の対処方法も共有し、お客様にストレスを与えないことを意識しています。
商品やターゲットの特性に応じて、オンラインとリアルの面会を適切に使い分けることが重要ですね。

オンライン学習プラットフォーム事業会社
販売事業部 部長 Aさん

Zoom営業を実践する経営者

　この方は、中小企業の人材採用支援を手がける企業の若手経営者です。同じくコロナ影響下での営業活動の打開策としてZoomに関心を示し、実践されました。

　採用支援では中小企業の人事担当者だけでなく、トップである経営者と直接アポイントを取ってスピーディーに話を進めることが欠かせません。Zoom営業では、多忙な経営者に負担をかけることなく、スキマ時間を充ててもらうことができるため、その効果を実感されています。

　また、個人の人間力で経営者と親交を深め、信頼関係をつくることも大切です。この方の場合、リアルの対面営業とは異なるZoomならではの印象の伝わり方を相手目線で考え、自分のアクションを最適化することに注意を払っていることがわかります。

どんなシーンでZoom営業を行う？

コロナ禍で訪問営業が困難になったため、Zoomをはじめてみました。紹介者への同行営業でZoomを使うことが多く、セミナーへの参加や打ち合わせでも役立っています。

Zoom営業のメリットは？

- ☑ 多忙な方にスキマ時間で会ってもらいやすい
- ☑ なかなか会えない遠方の方にも交通費ゼロで会える
- ☑ 初めての方に、まず心理的なハードルが低いZoomで会って「次はリアルで会いたい」と思ってもらえる関係性をつくれる
- ☑ 画面上で資料を共有でき、印刷の必要がない
- ☑ まだオンラインに抵抗のある人は多いが、逆にZoomのやり方を教えるだけでよろこばれることもある。

Zoom営業の注意点は？

一方的な説明だとリアル以上に退屈させやすいので、相手に多く話をしていただくことを意識しています。相槌やリアクションはリアル以上に大きくし、気持ち良く話してもらうことが大切です。

人材採用支援会社
代表取締役 Bさん

20代の若手社員

　最後は、弊社の4年目の女性社員と新卒の男性社員です。申し遅れましたが、弊社株式会社採用戦略研究所では、企業の人材採用支援事業を行っています。

　4年目の女性社員は、新しい人材採用ツールの制作のため、人材採用サービス各社と提携の商談を行います。また、新卒の男性社員は、そのツールを企業に提案する立場です。

　弊社でも（まだ全員とはいえませんが）、感度の高い社員からZoom営業の実践がはじまり、幹部から新卒の社員まで、試行錯誤のなかでZoom営業のノウハウを蓄積しています。

　Zoom営業に関心があっても、従来のオペレーションとは異なる方法には誰しもためらいを覚えます。「せめて会社として推進してくれたら……」と思うところもあるでしょう。

　ですが、弊社では気がついたら社員から自主的にZoom営業をはじめていました。営業にとって自分の評価につながるのは、実績です。そのために、いまできることを考え、そこに有効なツールがあるのなら、使わない手はありません。

　彼らも初めは戸惑いがあったでしょう。まして新卒であれば、ノウハウができあがっていない業務への不安は大きかったかもしれません。それでも、すぐにその効果を実感し、自分なりの工夫とトライ＆エラーによって実績につなげています。

Zoom営業のきっかけ

コロナ禍で対面の営業が困難になり、今年から使いはじめました。先方からZoomを提案されることもあり、新しい営業の手段として浸透しつつあることを感じます。

Zoom営業のメリットは？

☑ リアルよりも互いに緊張せず、
　リラックスして話せる
☑ 画面共有で資料を
　見てもらいながら話せる

商品開発（4年目）
26歳女性 Cさん

Zoom営業の注意点は？

Zoomに慣れていないお客様はリアクションが薄くなりがち。一方的にならないよう理解度を確認しながら話し、質問で話してもらうことを意識しています。

Zoom営業のメリットは？

☑ 遠方のお客様とコストをかけずに話せる
☑ 移動時間を短縮できる

企画営業（新卒）
22歳男性 Dさん

あなたもZoom営業に
乗り出してみませんか？

　Zoom営業は、いままさに実践のなかでノウハウが積み上げられている段階です。しかし、みなさまがこれまでの営業経験のなかで培ってきたスキルや知識が存分に活かされる営業スタイルでもあります。

　すでに営業職のベテランであれば、少し面倒ですが
「Zoomをどうやって使うのか？」 を知っていただき
「Zoomはどんなシーンで活用できるのか？」
「どんな点に気をつければいいのか」 といった
ケーススタディーを行えば、課題と対策、そして可能性が見えてくるはずです。

　この本には、あなたがZoom営業の可能性を見つけるための基礎的なノウハウをすべて詰め込んでいます。

　さっそく今日から、Zoom営業をはじめてみましょう！

CONTENTS

第7章
テレアポで新規顧客を
Zoom営業に持ち込むための実践ノウハウ ⋯⋯ 121

第8章
Zoom時代も変わらない
営業にとって大切なマインド ……………………………… 143

第1章

5分でおおよそ理解！
Zoomが支持される理由

「Zoom」を使うと なにができるの？

「これまでZoomを使ったことがない」という方はまずおおまかに、Zoomの機能と魅力を理解しておきましょう！ もう十分に理解している方は、第2章に進んでください。

2020年、大ブレイクを果たした「Zoom」とは？

　WEB会議ツール「Zoom」は、アメリカに本社を置くZoomビデオコミュニケーションズが2013年にサービスを開始したWEB会議ツールです。そう、意外と前からサービスは存在していたのですね。その使い勝手の良さから、世界中でまたたく間にユーザー数を拡大。2016年にはシステム上の表記が日本語に対応。業務効率化の波に乗って企業での導入数を伸ばし、日本でも着実にユーザー数と知名度を増していきました。

　さらに2020年、新型コロナウイルス感染症のパンデミックにともない、世界中でリモートワークや外出自粛の必要に迫られたことで、Zoomは一気にその名を広めます。Zoomの1日の平均ユーザ数は、2019年末の約1000万人に対し、2020年3月にはなんと約2億人に拡大。「オンライン飲み会」などのプライベートでのコミュニケーションや、取引先や社内の会議にオンラインで参加できるツールとして、いまやなくてはならない存在となりました。

1日の平均利用ユーザー数

2019年12月 1,000万人　新型コロナウイルス感染症　2020年3月 2億人

■ Zoomの特徴は、気軽に招待できること

　WEBミーティングは、実はZoomでなくてもできます。身近なものではLINEでも、FacebookのMessengerでも可能です。しかし、こうしたサービスでは、相手のアカウントを把握し、友だち申請することが必要です。

　WEBミーティングを行うために、メンバー全員にプライベートな情報を明かしてもらったり、新規にアカウントを取得してもらったりすることはあまり現実的ではありません。まして、これから初めて会う方に、それをお願いすることはなおさら困難です。

　一方、Zoomではホスト（主催者）がWEB上にミーティングルーム（会議室）を用意し、そこにメンバーを招待する感覚のツールです。ホストはメンバーにミーティングルームの場所を示すURLをメールで送り、メンバーはURLをクリックすればZoomのアカウントを持っていなくても参加できます。

　つまり、相手のメールアドレスさえわかれば招待することができ、わざわざアカウント登録の面倒をかけることもありません。面倒がないということは、招待された側がパソコンに詳しくなくても負担に感じることなくZoomに参加できるのです。それこそ、ご年配の方でもオンライン飲み会ができてしまうほど、参加のハードルが低いことがZoomの大きな特徴です。

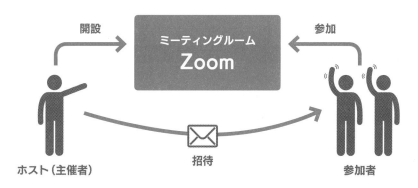

📹 100人以上の同時接続ができる通信の安定性

　ビデオ通話では参加メンバーが双方向で動画を送り合うため、人数が多いと通信データの容量が大きくなり、途切れや遅れが生じ、ストレスを感じてしまうものでした。

　Zoomはビデオ通話のデータ容量が軽いため、音声や映像の途切れや遅れがなく、それでいて音質・画質も良いことが大きなメリットです。実際に100人を超える大会議でも支障なく双方向のコミュニケーションができ、有料プランでは最大500人まで双方向のコミュニケーションが可能です（ウェビナー機能では最大1万人を視聴者として配信することも可能）。

■ マルチデバイスでWEBミーティングができる

　Zoomはパソコンだけでなく、アプリケーションをダウンロードしてスマートフォンやタブレットでも使うことができます。Zoomのアカウントを取得すれば、それぞれのデバイスでサインインができるため、出先でスマートフォンからZoomのミーティング予定をスケジュールして招待メールを送信。自宅に帰ってパソコンからZoomでミーティングに参加する、といったフレキシブルな使い分けも可能です。

PC画面

iPad画面

iPhone画面

▶️ コミュニケーションの幅が広がる多彩な機能

　ZoomがWEBミーティングにおけるスタンダードなツールとなれた要因のひとつは、その多彩な機能です。コミュニケーションの質を高める機能や、相手への印象に関わる機能など、工夫次第でビジネスの可能性が広がる機能にあふれています。

　ここではおおまかな機能を紹介し、各機能の詳しい操作方法は47ページからの第3章で説明します。

チャット

　Zoomでは多人数で動画と音声のミーティングを行いながら、参加者全員、または任意の参加者とチャットを行うことができます。

　会話のなかで、見てほしいサイトのURLや追加の資料をファイルとして送ったり、特定のメンバーに指示を出したりすることができます。

レコーディング機能

　Zoomでは、ボタンひとつでミーティングを録音または録画することができ、音声ファイルや動画ファイルとして保存できます。有料プランではZoomのクラウドサーバーに保存できるため、ハードディスクの容量を気にする必要がありません。

画面共有

　会議で資料をプロジェクターで映し出して全員で共有するように、Zoomでは自分のパソコン画面に表示したファイルを、参加者全員の画面にも映し出すことができます。WordなどのオフィスソフトやPDF、写真、動画などあらゆるものを共有可能です。

　さらに、共有した画面に自分やメンバーがペンやテキストで書き込みをすることもできます。

ホワイトボード

　参加者全員で自由に書き込めるホワイトボードを画面上に用意することができます。自分や他の参加者の書き込みがリアルタイムで反映され、さらに各自の書いた内容を選択して移動させることができます。アイデア会議や情報整理に有用です。

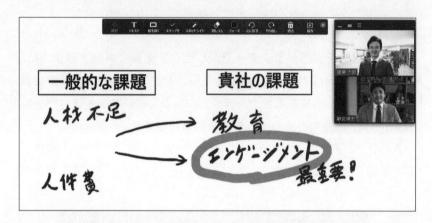

ブレークアウトセッション

　WEBミーティングの参加者が多すぎると、誰がなにを言っているのかわからず、コミュニケーションが取りにくくなります。Zoomでは、メインルームとは別にいくつかの部屋を用意し、参加者を少人数に分けてそのなかでグループディスカッションを行うことができます。

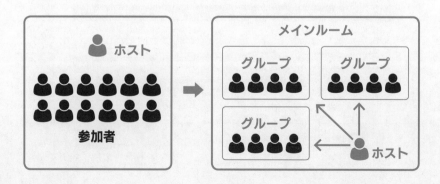

スピーカービュー／ギャラリービュー

　Zoomでは、ミーティングの参加者の映像を均等に並べる「ギャラリービュー」や、いま発言している人をZoomが自動で判断して大きく表示する「スピーカービュー」などの画面表示ができます。

バーチャル背景

　部屋が整頓されていないなど、プライベート空間を映し込みたくない場合、バーチャル背景を使うことで自分の顔と体以外の背景を任意の壁紙などに変えることができます。このほか、映像にフィルターをかけて顔映りを良くする機能も搭載されています。

 無料でも十分にビジネスで使えるプラン設定

Zoom公式サイトの料金表（2020年6月14日時点） https://zoom.us/pricing

　ZoomがWEB会議ツールの代名詞的存在となった理由は、ここまで紹介した各種の機能が、無料プランでも使えることです。

　一方、無料プランの最大のネックは、1対1のミーティングなら時間制限なしですが、3人以上のミーティングでは1回40分に制限されること。ただし、40分経ったら一度閉めて開設し直せばいいため、社内の会議やプライベートではあまり問題になりません。

　ただし、ビジネスとしてお客様とのミーティングにZoomを使う場合は、失礼のないよう有料プランを契約するのがいいでしょう。月額2,000円からの比較的リーズナブルな価格設定となっています。

📹 その他のWEB会議ツールとの比較

ツール		Zoom	Google Meet	Whereby	Microsoft Teams	Skype	Chat work
ブラウザでの参加		○	○	○	○	○	○
アプリ	パソコン	○	×	×	○	○	×
	スマホ タブレット	○	○	○	○	○	○
アカウント不要 （URLで招待）		○	×	○	×	○	×
最大人数（無料版）		100人	100人	4人	300人	50人	2名
機能	PC画面共有	○	○	○	○	○	○
	レコーディング	○	有料版のみ	有料版のみ	有料版のみ	○	×
	チャット	○	○	○	○	○	○
その他の 無料版の制限		※1	※2			※3	

※1　3人以上の場合40分に制限
※2　2020年9月30日までは1回のミーティングが最長24時間まで可能。以降、1時間に制限
※3　1回最長4時間、月間100時間まで

　Zoomは優れたWEB会議ツールですが、けっしてほかのツールが劣っているわけではありません。例えばMicrosoft Teamsはミーティングへの参加者にアカウント取得を求めますが、外部とのコンタクト以上に社内のチームワークや生産性の向上にメリットを持つツールです。それぞれに設計思想のちがいがある点は留意しておきましょう。

　また、有料プランに加入することで機能や参加人数、ミーティングの時間制限など、WEB会議ツールとしての機能の差は変わります。

　しかし、無料プランで解放されているWEB会議ツールに特化した機能、通信の安定性、操作性など総合的な評価から、Zoomはスタンダードになり得ています。特に、Zoom営業のように外部とのコンタクトを重視する場合は、抜群の使い勝手の良さを持つツールなのです。

第2章

企業が続々と
Zoom営業に乗り出す
社会的背景とメリットとは？

Section **2-1**

Zoom営業がこれから伸びる社会的背景とは？

営業職にとって、Zoomは今後ますます必要不可欠なツールになっていきます。そう言い切れる理由は、「みんながテレワークの価値に気がついてしまったから」です。「オフィス」という場は残るでしょう。しかし、そこに営業上のキーパーソンがいるとは限りません。テレワークの普及で、お客様が自宅でも、全国どこでも働ける以上、私たちの営業アプローチも全国どこにでも対応できる必要があるのです。

🎥 新型コロナウイルス感染症で倍増したテレワーク実施者

　新しい働き方として、以前から注目を集めていたテレワークですが、これまで日本ではなかなか導入が進みませんでした。しかし、ご存知の通り、2020年の新型コロナウイルス感染症の感染拡大による影響を受け、4月の「緊急事態宣言」発令下では多くの企業がテレワークの実施に踏み切りました。

　パーソル総合研究所の調査では、2020年3月と4月でテレワーク実施者は倍増。以降、さらにテレワークは拡大していきます。

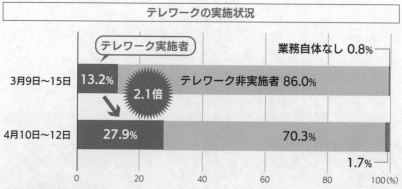

テレワークの実施状況

	テレワーク実施者		業務自体なし 0.8%
3月9日〜15日	13.2%	2.1倍	テレワーク非実施者 86.0%
4月10日〜12日	27.9%		70.3% （1.7%）

0　　　20　　　40　　　60　　　80　　　100(%)

※ 有効回答者数は正社員2万1448人（3月）、同2万2477人（4月）
　（出典）パーソル総合研究所「新型コロナウイルス対策によるテレワークへの影響に関する緊急調査」
　（2020年4月）

さらに内閣府が同年5月25日〜6月5日、1万人超に行ったインターネット調査では、**全国のテレワーク経験者は34.6%、東京23区では55.5%**に達しました。この調査は15歳未満や65歳以上の被扶養人口も含まれるため、実態はより高い数値が想像できます。

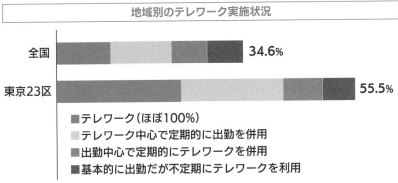

地域別のテレワーク実施状況

全国　34.6%

東京23区　55.5%

■ テレワーク（ほぼ100％）
■ テレワーク中心で定期的に出勤を併用
■ 出勤中心で定期的にテレワークを併用
■ 基本的に出勤だが不定期にテレワークを利用

内閣府「新型コロナウイルス感染症の影響下における生活意識・行動の変化に関する調査」

80%超が「これからもテレワークを継続したい！」

実施率以上に重要なことは、テレワーク利用経験者のうち**8割超が「テレワークを継続したい」**と考えていることです（内閣府調査）。

これまでテレワークが普及しなかった原因は、顔と顔を合わせて生み出すチームワークや一体感を重視する考え方、実績以上に働く時間や目に見える姿勢を重視する評価制度などさまざまです。

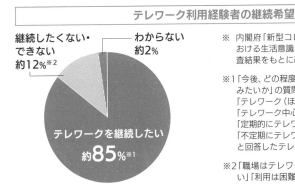

テレワーク利用経験者の継続希望

継続したくない・できない　約12%※2

わからない　約2%

テレワークを継続したい　約85%※1

※　内閣府「新型コロナウイルス感染症の影響下における生活意識・行動の変化に関する調査」の調査結果をもとに改変

※1「今後、どの程度の頻度でテレワークを利用してみたいか」の質問に
「テレワーク（ほぼ100％）」
「テレワーク中心（50％以上）」
「定期的にテレワーク（50％）」
「不定期にテレワーク」
と回答したテレワーク経験者の割合を算出

※2「職場はテレワーク利用可能だが利用したくない」「利用は困難」の合算

しかし、家族との時間を守りながら働けること、満員電車に乗らなくてもいいこと、遠隔地のビジネスパートナーともWEBだけで仕事が成立すること、何より生産性が高いこと。

そのことを多くの方がテレワークを通じて「体験」で理解した以上、これからの社会は確実に大きく変わっていきます。

企業もまた、テレワークに対応せざるを得ない

近年、あらゆる業種の企業が採用難と人材不足に苦しんできました。だからこそ、多くの企業が従業員の働き方を見直し、職場環境を整え、キャリア支援や魅力的な福利厚生、適正な評価制度の構築によって従業員満足度を高め、「優秀な人材に選ばれる」体制を整えてきました。

そうであれば、生産性の向上につながり、かつ従業員が求める「テレワーク」という働き方に企業が向き合わないわけにはいきません。また、優秀な人材に選ばれる企業体制の構築は、企業の事業継続性として株主や投資家からの評価にもつながります。

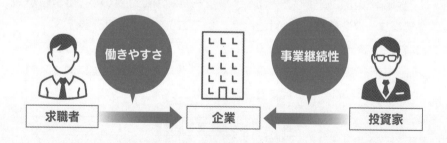

「居住地の自由」という次のムーブメントへ

そうしたなか、テレワークの推進にともなう、もうひとつの現象が起こりはじめています。それは「社員の居住地の自由」です。

例えば、東京にある大手インターネット関連企業グループ傘下のGMOペパボは、コロナ禍において2020年1月段階で社会の先陣を切って全社的なテレワークに移行したことで話題になった会社です。

テレワークの標準化　▶　通勤からの解放　▶　居住地の自由

　同社は緊急事態宣言の解除後も、全社員が原則として在宅勤務を継続。そして同年6月には、社員の採用条件から「居住地の制限」を撤廃しました。それまで東京と九州の拠点のどこかに通勤できることが採用条件でしたが、「年に4回の社内の催しなどに出社できれば良い」としたのです。今後、テレワークの普及にともない、同様の取り組みを行う企業は増えてくるでしょう。

　高齢社会において今後も増すであろう「親の介護」の問題や、諦めざるを得なかった「自然豊かな場所で暮らしたい」「生まれ育った地元に居続けたい」といった願いに応えられる、新しい仕事と生活の関係性をテレワークは生み出しています。

営業職にとってテレワークの時代は「会えるお客様」が減少する？

　テレワークの普及にともない、人々の仕事の拠点は広がり続けます。それはつまり、営業職にとって訪問をベースとした営業活動では「会えるお客様」が減少することを意味します。Ｚｏｏｍ営業は単に生産性向上の手段でなく、これからの社会に必要な営業手段なのです。

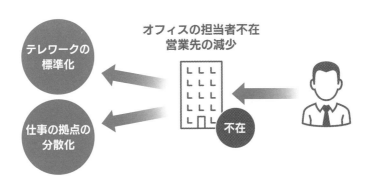

オフィスの担当者不在
営業先の減少

テレワークの標準化

仕事の拠点の分散化

不在

テレワークが導入しやすい職種は？

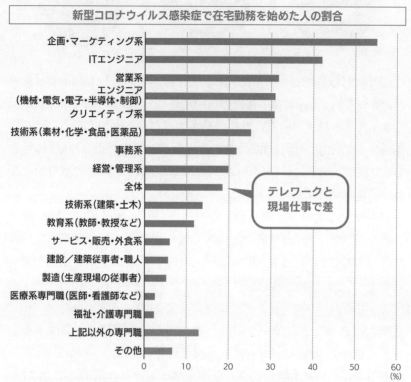

新型コロナウイルス感染症で在宅勤務を始めた人の割合

- 企画・マーケティング系
- ITエンジニア
- 営業系
- エンジニア（機械・電気・電子・半導体・制御）
- クリエイティブ系
- 技術系（素材・化学・食品・医薬品）
- 事務系
- 経営・管理系
- 全体
- 技術系（建築・土木）
- 教育系（教師・教授など）
- サービス・販売・外食系
- 建設／建築従事者・職人
- 製造（生産現場の従事者）
- 医療系専門職（医師・看護師など）
- 福祉・介護専門職
- 上記以外の専門職
- その他

テレワークと現場仕事で差

※パート・アルバイト、自由業・フリーランスを除く有職者　計9628人を調査
（出典）楽天インサイト「在宅勤務に関する調査」（2020年4月10〜12日）
（出典）週刊東洋経済

職種によるテレワーク実施率の格差

　しかし、テレワークはすべての業種・職種で実現できるわけではありません。上のグラフは、職種別にみたテレワーク実施率の格差を示しています。平均値である「全体」を境に、デスクワークの職種と現場ありきの職種に二分されていることがわかります。

　鉄道や電気などのインフラ事業をはじめ、医療、福祉、建築、製造、そして小売や飲食などの現場を支える従事者にとって、テレワークへの移行が困難な実態が浮き彫りとなっています。

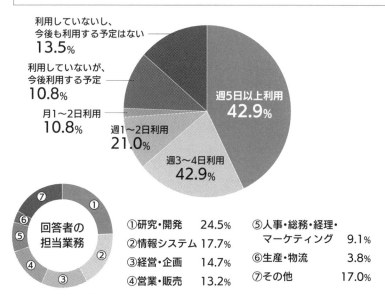

テレワークを利用して、職場以外でどの程度の頻度で働いているか
（直近の1週間、もしくは1カ月間について、もっとも近いものをひとつだけ回答）

利用していないし、今後も利用する予定はない **13.5%**

利用していないが、今後利用する予定 **10.8%**

月1〜2日利用 **10.8%**

週1〜2日利用 **21.0%**

週3〜4日利用 **42.9%**

週5日以上利用 **42.9%**

回答者の担当業務

①研究・開発　24.5%
②情報システム　17.7%
③経営・企画　14.7%
④営業・販売　13.2%
⑤人事・総務・経理・マーケティング　9.1%
⑥生産・物流　3.8%
⑦その他　17.0%

※日経BP社デジタルメディア読者2917名による回答
（出典）日経BP総合研究所イノベーションICTラボ『テレワーク大全』

デスクワーク職種のテレワーク実施率は高い

　こうした職種による偏りは、先ほどの内閣府をはじめ各企業・団体の「テレワーク実施率」の調査結果の差にも如実に表れます。日経BPが同社のデジタルメディア読者を対象に行ったテレワーク実態調査（2020年4月13〜19日）では、約75％がテレワークを実施。内閣府調査の34.6％とは大きな開きがあります。

　メディア読者の属性上、回答者の業種の多くは「製造業」（4割）、「情報・通信サービス」（3割）、さらに職種別で見ると「研究・開発」や「情報システム」、「経営・企画」「人事・総務・経理・マーケティング」などデスクワークとみなせる職種が大半を占めます。現場ありきの製造業でも、デスクワーク職種のテレワーク実施率が高いことを伺わせるデータです。

訪問営業が重視されてきた
日本人特有の顧客心理とは？

ただし、テレワーク下においても「本来、顔と顔を合わせて話し合うことが大切」という顧客心理は根強く存在します。そのため、相手やタイミングによる訪問とZoomの使い分けや、Zoomのメリットを感じてもらうことを考えていく必要があるでしょう。

欧米に比べ、極端に「訪問」を重視する日本型営業

なんでもかんでも欧米と比較すればよいわけではありませんが、コロナ禍以前から日本は欧米に比べて「非訪問型営業」の導入が遅れているといわれています。

非訪問型営業とは、電話やメール、DM、WEB会議ツールなどによるお客様を直接訪問しない営業活動のこと。営業・マーケティング領域のソフトウェア開発を手掛けるHubSpot Japanが2019年12月に発表した調査によれば、BtoBの営業活動における米国での非訪問型営業の導入率が約50％、欧州で約40％なのに対し、日本では約10％と極めて低く、お客様への訪問営業を重視する日本型営業のマインドが浮き彫りになりました。

非訪問型営業の導入率

米国	47.2%
欧州	37.1%
日本	11.6%

HubSpot Japan調べ

■ 「顔が見えない相手は信用できない」という顧客心理

　訪問型営業が重視される日本型営業の根底にあるのは、「顔の見えない相手は信用できない」という根強い意識です。先ほどのHubSpot Japanの同調査では、BtoB営業において顧客となる経営者・役員・担当者への訪問営業に関する意識調査も実施しています。

　その結果、BtoBにおけるお客様の30.3%は「営業担当者に自社を訪問してほしいとは思わない」と回答。一方、60.7%が「営業担当者に自社を訪問してほしい」と答えています。そして、その理由を尋ねた結果が以下の通りです。

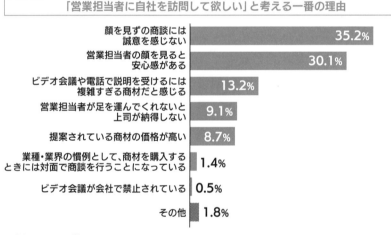

「営業担当者に自社を訪問して欲しい」と考える一番の理由

理由	割合
顔を見ずの商談には誠意を感じない	35.2%
営業担当者の顔を見ると安心感がある	30.1%
ビデオ会議や電話で説明を受けるには複雑すぎる商材だと感じる	13.2%
営業担当者が足を運んでくれないと上司が納得しない	9.1%
提案されている商材の価格が高い	8.7%
業種・業界の慣例として、商材を購入するときには対面で商談を行うことになっている	1.4%
ビデオ会議が会社で禁止されている	0.5%
その他	1.8%

HubSpot Japan調べ

　わざわざ足を運んで顔を見せる姿勢に「誠意を感じる」「安心感がある」という心理は、みなさんも理解できると思います。しかし、あくまで「気持ち」であり、訪問型営業に合理的なメリットを見出しているわけではない点を見逃してはならないでしょう。

　なぜなら、こんな疑問が湧いてくるからです。

「では、足は運ばないが顔を見せるZoom営業なら？」

「Zoom営業が、お客様にとっても合理的なメリットになるのなら？」

　次のページでは、Zoom営業のメリットについてみていきましょう。

Zoom営業が
お客様に与えるメリットとは？

もし、Zoom営業によって生まれるメリットが私たち営業側だけ
のものなら、それは「こちらの都合」にお客様をつき合わせるだけ
でしょう。しかし、Zoom営業にはお客様にとっても、以下の3つ
の合理的なメリットがあります。

お客様視点で見るZoom営業の3つのメリット

1. 購買までのリードタイムを短縮できる
2. 商談のために出社しなくていい
3. 営業担当者との商談が気軽になる

1 購買までのリードタイムを短縮できる

　BtoB営業において、お客様が営業担当者と話したいときは何か解決
すべき課題があるときです。早々に情報収集と検討を行い、発注先や
購入先を決めたいと考えています。

　Zoom営業なら営業担当者の移動時間がゼロになるため、お客様に
とっても営業担当者のスケジュールを擦り合わせやすく、「いまお互
いに空いているなら話す」というスピーディーな相談や商談も可能で
す。リアルでは困難な「午前に営業担当者と1時間話して得た選択肢
を上司に相談し、午後も30分話して詰める」という展開も可能です。

　その結果、検討開始から発注・購買までのリードタイムを大きく短
縮することができます。

② 商談のために出社しなくていい

　お客様がテレワーク勤務の場合、訪問営業ではそのために出社していただいたり、喫茶店まで来ていただいたりする必要があります。まして、テレワーク中の上司や別担当者に同席を願うことはさらに困難です。

　そのため、テレワークを実施する企業のお客様にとって、Ｚｏｏｍ営業は発注先を検討する上でマストの選定基準となり得ます。

③ 営業担当者との商談が気軽になる

　短時間の話や、購入・発注の見込みが薄い相談では、「この程度で足を運んでもらうのは申し訳ないかな」と気にするお客様もいます。そんな方にとって営業担当者の"ご足労"がないＺｏｏｍ営業は気軽さにつながります。

　また、「説明を聞きたいけど、グイグイ売り込まれるのは嫌だな」という面倒や不安を感じる方には、Ｚｏｏｍの距離感がちょうどいいフィルターになります。電話感覚の気軽さで対面のコミュニケーションの質を得られる点がメリットです。

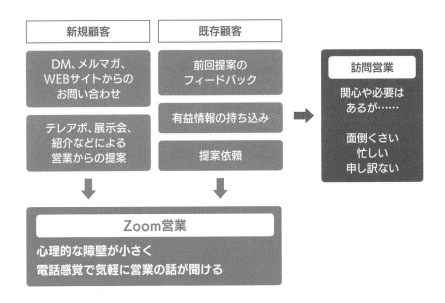

Section **2-4**

Zoom営業の実践による
営業担当者のメリットとは？

Zoomは、お客様に営業担当者をうまく活用していただけるコミュニケーション手段です。そして、営業担当者にとっては、圧倒的な業務効率の改善と売上アップを見込める営業手段です。
コロナ禍をきっかけに、すでに多くの企業や営業担当者がZoom営業を実践し、具体的な成果をあげています。

営業担当者視点で見るZoom営業のメリット

1 お客様にとっての利便性のよさ
2 1日当たり1時間50分の移動時間の削減
3 生産性の高いスケジューリング
4 コストの削減
5 営業可能なエリアの拡大
6 既存顧客へのフォロー強化
7 人材教育への効果

売上の向上

　Zoom営業はテクニックやメンタリティではなく、これまでの訪問営業でネックとなっていた課題を解決し、時間と業務効率を抜本的に改善する手段です。よって、適切に運用させることができれば、生産性と売上の向上は当然の結果としてついてきます。

1 お客様にとっての利便性のよさ

　36ページに記載した、お客様が感じるZoom営業へのメリット

① 購買までのリードタイムを短縮できる

② 商談のために出社しなくていい

③ 営業担当者との商談が気軽になる

　これは、そのまま営業担当者にとってもメリットとなります。私たちは「スピーディーで柔軟な対応力」でお客様の信頼を得て「気軽に相談されるパートナーシップ」を築きたいと考えているはずです。それが信頼関係を築く前からご提供できることで、商談成立の可能性を高めることにつながります。

2 1日当たり1時間50分の移動時間等の削減

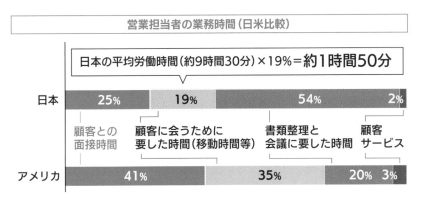

営業担当者の業務時間（日米比較）

日本の平均労働時間（約9時間30分）×19％＝**約1時間50分**

日本	25%	19%	54%	2%
	顧客との面接時間	顧客に会うために要した時間（移動時間等）	書類整理と会議に要した時間	顧客サービス
アメリカ	41%	35%	20%	3%

日本　※日本能率協会コンサルティング調べ　※調査対象：生産財営業マン606名
アメリカ　※マグロウヒル社調べ　※調査対象：生産材営業マン1089名
（株）日本能率協会ホームページ「営業・マーケティングの知恵ぶくろ」記載のデータを一部改変
https://www.jmac.co.jp/wisdom/marketing/71_1.html

　1日の労働時間を9時間半とした場合、日本では営業担当者が商談に費やす時間は1日2時間半。それ以外の大部分は移動時間と書類作成、社内ミーティングです。一方、アメリカでは書類作成や社内ミーティングの時間は効率化され、商談時間は3時間50分。日本とは大きな開きがあります。

社内ミーティングの効率化はテレワークによって実現する可能性があ
りますが、Ｚｏｏｍ営業では効果は期待できません。メリットがある
のは移動時間の効率化です。Ｚｏｏｍ営業によって削減できる移動時間
（1時間50分）を商談や資料作成など売上獲得の活動に充てることが
できます。

③ 生産性の高いスケジューリング

移動時間の削減によって単に時間ができるだけでなく、1日のスケ
ジューリングがシンプルになり、効率的な商談のアポイントメントが
組みやすくなります。

- **商談の前後を空ける必要がなく、立て続けに商談を組める**
- **相手の都合ありきのアポイントメントが調整しやすい**
- **時間が空いても次の商談の直前までオフィスワークに充てられる**
- **天候や交通事情によるトラブルが少ない**

高い調整力がなくても生産性の高いスケジューリングが可能です。

④ コストの削減

- **交通費・宿泊費**
- **営業資料の印刷代**
- **喫茶店の飲食代**

従来の訪問営業で掛かっていたコストがほぼ削減できます。そのた
め、費用対効果の面で割に合っていなかった同行営業もしやすくなり
ます。

また、ＢｔｏＢ営業では、受注までのリードタイムが短縮されることで
人件費の削減にも寄与することになります。

⑤ 営業可能なエリアの拡大

Ｚｏｏｍ営業では、移動の時間・コストがなくなるため、従来では訪問
が現実的でなかった遠方への営業活動が可能になります。

6 既存顧客へのフォロー強化

　既存顧客に対し、特にBtoB営業では「前回提案のフィードバック」や「有益情報の提供」などを通じて面会し、自社製品のリマインドと情報収集を行うことが大切です。しかし、売上の大きなお客様以外は回り切れないのが現実です。Zoom営業では、時間効率と予定の合わせやすさ、気軽さから、既存顧客との面会回数を大幅に増やせます。

7 人材教育への効果

　第5章で詳しくご説明しますが、Zoom営業の様子は録画しておくことができます。そのため、上司やトレーナーがトーク内容や表情まで確認し、質の高いフィードバックを行うことができます。

営業だけじゃない！
Zoomで広がるサービスのかたち

Zoom営業のほかにも、テレワークの進展を受け、Zoomを活用したさまざまなサービスが登場しています。営業と同様に、これまで「リアルで対面する」ことに価値があると思われてきたサービスが、Zoomを通じて新たな価値を生み出しています。

🎥 Zoom面接

AIで動画データを自動判定する動画面接

　2021年度の新卒採用（＝2020年内の採用活動）では、新型コロナウイルス感染症拡大のため、合同企業説明会から以降の面接選考まで開催は困難になりました。

　そこで多くの会社で行われた採用方法のひとつが、動画による採用選考です。自己PRや志望動機など、本来は面接で対面して伝える内容を、学生が自分で録画して動画データで送信する選考方法です。

　さらに、採用担当者による評価データを学習させたAIで自動的に動画データを評価し、合否判定の効率化を行っています。ここ2、3年で広がりつつあった採用方法が新型コロナウイルス感染症の影響で一気に拡大した形です。

さらに、リアルタイムで行う「Zoom面接」が急拡大

　その動画面接と併せて2020年から急拡大したのが、ZoomなどのWEB会議ツールを活用したオンライン面接です。ここでは「Zoom面接」と呼びましょう。1次選考はもちろん、企業によっては最終選考まですべてZoomで行ってしまうケースもあります。特に、動画ではできない多人数のグループディスカッションもZoom面接では可能です。

Zoom面接は新型コロナウイルス感染症拡大防止だけでなく、多くの就活の問題解消にもつながっています。例えば学生、特に地方在住の方にとって、都会での就活は多額の交通費や宿泊費、移動時間の苦労が大きな問題となっていましたが、Zoom面接ではその苦労はまったくなくなります。

東京の学生が大阪の企業に、大阪の学生が博多の企業に、というように学生と企業の都市間の距離の壁もなくなりますし、留学中の学生が採用面接を受けることも可能です。

そのほか、「コートを脱ぐタイミング」「ノックの回数」「お辞儀の角度」など就活文化の中でウソか本当かわからなくなった「就活マナー」の見直しにつながるという声もあります。

また、学生が１日に受けられる面接の回数も増えるため、中小企業にとってはフレキシブルな面接対応によって、面接希望者を増やせる可能性が高まります。就活のあらゆる問題を解決できるZoom面接は、採用選考におけるスタンダードとなっていく可能性あります。

Zoom面接によるメリット

- 地方大学生のネックだった「多額の交通費」が解消される
- 留学中でも日本企業の採用選考に参加できる
- 「就活マナー」の見直し
- 中小企業の採用選考機会も増える

📹 Zoom株主総会

　毎年、6月を中心に開催される各社の株主総会ですが、2020年は新型コロナウイルス感染症の影響で、多くの企業がオンラインによる株主総会を実施しました。

　株主に傍聴してもらうだけならライブ配信をすればいいのですが、質疑応答や議決権の行使までオンラインで行うには、双方向のコミュニケーションを取れるツールが必要なため、専用の機器やシステムを構築する企業もある一方、Zoomで株主総会を実施した企業もあります。

　質疑応答ではZoom参加者からのチャット、または挙手のアイコン表示をしてもらい、直接口頭で質問してもらうことができます。また、議案採決では、Zoomの有料プランで使える「アンケート機能」によって回答を集めることができます。

📹 Zoom相談会・商談会

　リアルの商談会や相談会などのイベントでは、参加者がイベントホールなどに集まり、個別ブースで相談あるいは商談を行います。このイベントをZoomで再現することが可能です。

　Zoomの「ブレークアウトセッション」という機能を使い、メインのミーティングルームとは別に、少人数のミーティングルームを最大50室まで作ることができます。その小部屋をリアルイベントのブースに見立て、事前予約制で参加者に日時と小部屋の名前を伝えておくことで相談会が成立します。

　「小部屋が見つからない」などのトラブルの際にも、メインルームに案内役を置いてフォローすることができます。この機能を活用したZoom相談会や商談会の事例は、ネットで検索すれば数多く見つけ出せるはずです。

📹 Zoom接客

　コロナ禍による緊急事態宣言発令下では、生活必需品以外の小売業は休業を余儀なくされました。そうしたなかで、2020年4月頃より、アパレルを中心にブランドや小売店によるZoom接客のアクションが起こり始めました。多くの場合、1回40分程度、完全予約制。アパレルであればコーディネート、メガネなどでは専門的な知見を伝え、接客と買い物を楽しんでもらう取り組みです。

　同時期に、接客ではなくワークショップを開催する小売店舗も多くみられました。例えば、自家焙煎のコーヒーショップがZoom上でオンラインカフェを開き、お客様との交流を楽しむなどのイベントです。

　緊急事態宣言発令中は、ブランドや店舗への親近感の醸成や、ストレスや孤独を和らげるための社会貢献の意味合いが強かったZoom接客ですが、次第にオンラインストアへの誘導を明確にし、販売チャネルのひとつとしてZoom接客を活用する流れも生まれていきました。

その他のZoom活用事例

- ■ 学校や学習塾によるZoom授業
- ■ フィットネスクラブによるZoomエクササイズ
- ■ ホテルや式場によるZoom結婚式
- ■ キャバクラ店によるZoom接待

第3章

Zoomを使ってみよう①

ホスト（主催者）として
ミーティングを開催する方法

Zoomに招待された場合の 参加の仕方

ホスト（主催者）の操作方法を説明する前に、まず参加者（ホストに招待を受ける側）の操作方法を確認しておきましょう。まだZoomを体験していない方は、必ずこの手順をご一読ください。

◼ 招待メールからの3つの参加方法

　Zoomでミーティングの招待を受けると、以下のような情報がホストからメールで送られてきます。ホストによっては、LINEやメモ書きなど別の手段で送ってくる場合もありますが、「招待URL」「ミーティングID」「パスワード」の3つの必要情報を確認しましょう。いまやなくてはならない存在となりました。

> ### ホストからの招待メール
>
> Zoomミーティングに参加する
> https://us04web.zoom.us/j/00000000000・・・
> **ミーティングID：000 0000 0000**
> **パスワード：XXXXXX**

　この情報をもとに、パソコンからZoomに参加する方法は３つあります。
① **Zoomアプリをインストールして参加**
② **Zoomアプリをインストールせずにブラウザで参加**
③ **招待メールのミーティングIDで参加**
　なお、いずれもZoomへのアカウント登録の必要はありません。では、まず初めに① **Zoomアプリをインストールして参加**から説明しましょう。

①Zoomアプリをインストールして参加

1 招待メールのURLをクリックする

　URLをクリックするとブラウザが立ち上がり、「システムダイアログが表示したら、**Zoom Meetingsを開く**をクリックしてください」というメッセージとともに「起動中」と表示されます（ブラウザによって表示されるメッセージは少し異なります）。

　しかし、事前にZoomをインストールしていない場合、システムダイアログという小窓は開きません。そこで、画面の青く囲んだ**「Zoomをダウンロードして実行してください」**をクリックします。

2 Zoomアプリをダウンロードする

　ダウンロードしたZoomアプリをインストールします。

3 ミーティング中の表示名を記入する

インストールが完了すると、自動的にアプリが起動します。ユーザー名を聞かれますので、任意の名前を入力してください。ここで記入した名前がZoomでミーティングを行う際に表示されます。「ミーティングに参加」をクリックして次に進みます。

4 ビデオプレビューのチェック

あなたのパソコンのカメラが映している映像のプレビューがはじまります。まだ相手にはあなたの映像は見えていないので、ここで自分の映りを確認し、問題がなければ「ビデオ付きで参加」をクリックします。なお、「ビデオなしで参加」をクリックすると、ビデオ映像ではなく音声のみで参加ができます。

5 オーディオの確認

Zoomのミーティング画面が開き、オーディオの確認表示が現れます。「コンピューターでオーディオに参加」をクリックするとミーティングに参加できます。

6 マイクとカメラをONにしてミーティング開始

参加したら、まず左下のマイクとカメラをチェックします。OFF（赤い斜線）になっていたらクリックしてONに切り替えます。

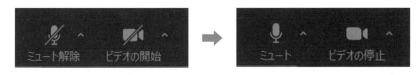

📹 ②Zoomアプリをインストールせずにブラウザで参加

　Zoomアプリをインストールしたくても「社用パソコンのため勝手
にインストールができない」という場合もあります。そこで、アプリ
をインストールせずにブラウザでZoomのミーティングに参加するこ
とも可能です。ただし、ブラウザの種類やバージョンによっては参加
できない場合もあります。

　なお、Zoom公式ではGoogle Chromeを推奨しています。また、対
応するブラウザとバージョンは以下の通り。

対応ブラウザとバージョン

- Internet Explorer 10以降
- Microsoft Edge 38.14393.0.0以降
- Google Chrome 53.0.2785以降　■ Safari 10.0.602.1.50以降
- Firefox 49.0以降　※2020年6月現在の情報です

1 招待メールのURLをクリックする

　ホストから送られてきたURLをクリックし、上記の画面で「ブラウ
ザから起動してください」をクリックします。このメッセージが表示
されていない場合、一度「ミーティングを起動」または「Zoomをダウ
ンロード」をクリックすると表示されます。

2 ミーティング中の表示名を記入する

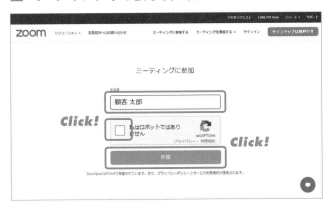

　Zoomミーティングで表示する名前を記入し、「私はロボットではありません」にチェックを入れて「参加」をクリックします。

3 ビデオプレビューをチェックしてミーティングに参加

　以降はアプリをインストールした場合と同じです。ビデオプレビューが表示され、「ビデオ付きで参加」をクリックしてミーティングに参加します。

　ただし、使用するブラウザによって、ビデオプレビューを経ずにミーティングに参加した状態になるなど、手順に変化が見られますのでご注意ください。

📹 ③招待メールのミーティングIDで参加

ホストから送られてきたURLではなく、ミーティングIDで参加することもできます。Zoomは初めてでも、パソコンの操作に慣れている方は、こちらのほうが、間違いがなく早いかもしれません。

1 Zoomをインストールする

Zoom公式サイトで最後までスクロールし、「ダウンロード」の項目の「ミーティングクライアント」をクリックし、「ダウンロードセンター」のページへ移動。トップにある「ミーティング用Zoomクライアント」をダウンロードし、インストールしてください。

2 Zoomアプリを起動する

Zoomアプリを起動し、ウインドウが開いたら「ミーティングに参加」をクリック。

アカウントを取得している場合

Zoomのアカウントを取得（サインアップ）し、サインインしている場合、Zoomアプリの表示画面は上の画像とは異なります。4つのアイコンから「参加」を選択してください。

3 ミーティングIDとパスワードの入力

ホストから届いた招待メールに記載された「ミーティングID」と「パスワード」を入力します。

そのあとは、URLから参加した場合と同じです。ビデオプレビュー、オーディオを確認してミーティングに参加します。

ホスト（主催者）になって 招待メールを送ってみよう

Zoom営業を行なうためには、あなたがお客様をZoomに招待しなければなりません。そこで、今度はホストとしてのZoomミーティングをマスターしましょう。まずは、招待の方法です。

🎥 Zoomアカウントの取得

　ZoomでホストとしてミーティングURLを発行するには、Zoomのアカウントが必要です。Zoom公式ページの一番上の「サインアップ」をクリックして手続きを行うか、スマートフォン・タブレット用のZoomアプリをインストールしてサインアップを行いましょう。

　なお、似たような言葉で「サインイン」もありますが、これは既にアカウントを持っている方向けの、いわゆる「ログイン」です。新規の方は「サインアップ」を選んでください。

　こうした何気ないポイントや自分ではわかっていることも、意識しながら操作を進めていきましょう。というのも、これからZoom営業を行うなかで、お客様もZoomに関心を持ち、使い方のレクチャーを相談されることもあるはず。せっかくZoomの使い方を覚えるのなら、誰かに説明できるようにしておくと信頼関係づくりに役立つかもしれないからです。

アカウント取得の手段

- パソコンでは、Zoom公式サイトからサインアップ
- スマートフォン・タブレット用のZoomアプリからのサインアップ

■ ホストとしてミーティングを開催してみよう

　ホストとしてのミーティングの設定や実施は、Zoomアプリをインストールせずにブラウザだけでも行うことができます。しかし、ブラウザでは種類やバージョンによって表示コメントや使用できる機能に差があるため、この本ではZoomアプリのインストールを前提として説明します。

　Zoomアプリを立ち上げ、サインインをすると以下のアイコンが表示されます。あなたがホストとしてミーティングを行う場合は「新規ミーティング」と「スケジュール」を使用します。

必要なアイコンはこのふたつ！

新規ミーティング - - - - - - - - - - - - -
いますぐミーティングをはじめる
場合に選択します。

スケジュール - - - - - - - - - - - - - - -
特定の日時にミーティングを設定
したいときに選択します。

📹 「新規ミーティング」でミーティングをはじめる方法

　これからすぐにミーティングをはじ
める場合は「新規ミーティング」を選択
します。クリックすると、すぐに自分
ひとりだけが入室した状態のミーティ
ングルームに切り替わります。

1 ミーティング画面からの招待

　招待URLを送るには、画面の下の「参加者」のアイコンをクリックし
ます。すると、画面の右側に現在の参加者が表示されます。その下に
ある「招待」をクリックします。

2 招待に必要な情報の取得

招待メールを送るためのウインドウが現れるので、上のタブを「連絡先」ではなく「メール」に切り替え、招待メールの送信に使用するメールサービスを選択します。招待に必要な「URL」「ミーティングID」「パスワード」の入ったメールが立ち上がります。

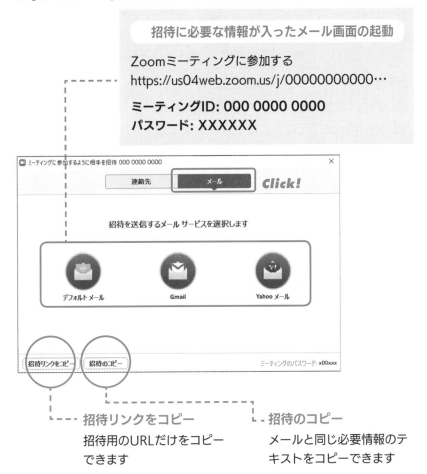

「招待リンクのコピー」「招待のコピー」をクリックすると、招待に必要な情報のテキストデータだけをコピーできます。LINEやほかのメッセージなどでペーストして使用できます。

🎥 「新規ミーティング」の使用シーンとIDの注意点

Zoom営業における使用シーン

「新規ミーティング」の特徴は、面倒な設定をすべて飛ばして「いますぐはじめられる」ことです。Zoom営業では、例えばお客様に「よろしければ、いまからZoomで詳しくお話させていただけませんか？」と提案し、OKをもらった場合にこの機能を活用することが考えられます。

「新規ミーティング」のIDの注意点

しかし、「新規ミーティング」で生成されたこのミーティングIDは、一度ミーティングを終了してしまうと使えなくなってしまいます。そのため、ミーティング画面を立ち上げて招待に必要なURLやID情報をお客様に送ったら、そのままミーティング画面を開いたままの状態でお客様の参加を待たなければなりません。

誤ってミーティングを終了してしまった場合は、すぐに新しい情報をお客様に送ってください。

「新規ミーティング」のIDに関するポイント

■ **一度ミーティングを終了してしまうとミーティングIDが失効する**

※68ページの「スケジュール」で発行されるミーティングIDとの違いを確認しておきましょう！

「新規ミーティング」その他の機能

　Zoomアプリのトップページで「新規ミーティング」のアイコンを選ぶ際、横に小さな矢印があるのにお気づきでしょうか？　ここをクリックすると、以下のふたつのチェックボックスが現れます。

■ ビデオありで開始

　通常、チェックがついた状態です。パソコンのカメラを起動し、あなたの顔を映す前提でミーティングルームを立ち上げます。チェックを外すと、ホストも参加者も顔を映さない音声だけのミーティングルームが起動します。互いの顔は映しませんが、画面共有やレコーディングなど、Zoomの各種機能は使用できます。

■ マイパーソナルミーティングID（PMI）を使用

「マイパーソナルミーティングID」とは、通常のミーティングIDとは異なり、ひとりのユーザーにひとつ割り当てられた恒久的に使えるミーティングIDです。ミーティングを終了しても消えないため「新規ミーティング」で使うには非常に便利です。ただし、不特定多数の方にこのIDを知らせると、いつでもこのIDのミーティングに参加できてしまうため、別の人とのミーティングに割り込まれてしまう危険があります。「家族用」など限定して使うことをおすすめします。

📹 「スケジュール」でミーティングをはじめる方法

飛び込み営業でもなければ、普通、商談は日時を決めて訪問しますし、社内のミーティングもそうですよね。Zoomにおけるミーティングも、事前に日時を決めたうえで招待のメールを送ることができます。

さっそく「スケジュール」をクリックし、下記のスケジュール設定のウインドウを開きましょう。

1 ミーティングのスケジュール設定

　下記の設定を行い「スケジュール」をクリックします。この設定だけでは誰かにメール送信などはされないので、試しに架空のミーティングを設定してみましょう。

トピック……ミーティングの名前
あとでなにに関するミーティングかわかるよう趣旨に沿った名前をつけておきましょう。このミーティングの名前は参加者にも表示されます。

開始……ミーティングの開始日時の設定

経過時間……ミーティングの予定時間（長さ）の設定

定期的なミーティング……チェックを入れると、一定スパンで長期的に実施されるミーティングとみなし、ミーティングID失効までの期間が延びます。詳しくは68ページを参照。

ミーティングID……IDの種類の選択
「自動的に生成」を選択が基本です。一定期間で削除されるこのミーティング用のIDを生成します。詳しくは68ページをご参照ください。
「個人ミーティングID（＝マイパーソナルミーティングID）」については、61ページの解説を参照ください。

パスワード……参加者に対して要求するパスワードの設定
デフォルトで6文字の英数字が入っていますが、1〜10文字の英数字で自由に変更することが可能です。

ビデオ……開始時にホスト・参加者の顔を映すかどうかの設定
相手から特に要望がなければ「オン」にしておきましょう。ミーティング開始後にオン・オフの切り替えは可能です。

カレンダー……連携しているカレンダーの選択
連携しているカレンダーにミーティングのスケジュールが反映されます。特になければOutlookを選択しておきましょう。次のページでご説明します。

詳細オプション……66ページをご参照ください。

② ミーティングへの招待メールの送信

　ミーティングのスケジュールが完了したら、次はミーティングへの招待メールの送信です。招待に必要な招待URL・ミーティングID・パスワードの取得方法はふたつあります。

① 設定完了後に立ち上がるウインドウからの取得

　先ほどのスケジュール設定の完了後、「カレンダー」項目のチェックに応じたウインドウが立ち上がっているはずです。

　「Outlook」を選んでいれば、パソコンにインストールされているOutlookで招待メールの文面が記載されたメール画面が立ち上がります。Outlookを使用している場合は、そのメールを使って宛先を記入し、メール送信することが可能です。あるいはテキストだけをコピーしてOutlookを閉じ、任意のメールやLINEなどで招待しましょう。

　Googleカレンダーやその他のカレンダーを選択した場合、それぞれの拡張機能と併せて招待メールのテキストが表示されます。

② Zoomアプリのトップ画面からの取得

　上記①の各機能のウインドウは無視して閉じても構いません。設定したミーティングのスケジュールは、トップページ上部の「ミーティング」をクリックすると確認できます。

　該当するミーティングを選択し、「招待をコピー」をクリックすると招待に必要な情報をテキストでコピーできます。任意のメールやLINEなどにペーストして招待に使いましょう。

　なお、併せて「編集」「削除」の選択肢も表示されます。スケジュール設定の変更や削除はここで行うことができます。

Zoomアプリのトップページから「ミーティング」をクリック。

該当するミーティン
グを選択し「招待をコ
ピー」をクリックする
と招待の必要情報がコ
ピーできます。

招待に必要な情報がコピーされる

Zoomミーティングに参加する
https://us04web.zoom.us/j/00000000000…

ミーティングID: 000 0000 0000
パスワード: XXXXXX

詳細オプションの設定

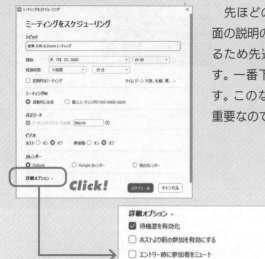

先ほどの「スケジュール」設定画面の説明の中で、話がややこしくなるため先送りにした箇所があります。一番下の「詳細オプション」です。このなかで**「待機室」**の機能は重要なので覚えておきましょう！

■ 待機室の有効化

　参加者がミーティングにアクセスした際に、ホストが承認するまで「待機室」で参加を待ってもらう機能です。この機能を使えば、例えばミーティング直前まで一部の参加者と事前打ち合わせをしたい場合に、承認するまで割って入られずに済みます。ホストからは誰が待機しているかがわかり、一人ひとり任意のタイミングで参加させることができます。

待機室に入った参加者にはこのような画面が表示されます。この表示内容は、有料アカウントではカスタマイズが可能です。

■ホストより前の参加を有効にする

ホストがまだ入室していなくても参加者がミーティングルームに入れるかどうかを設定できます。ただし、待機室が有効になっている場合、この機能は使用できません。

■エントリー時に参加者をミュート

ホストが仕切る前に参加者が勝手に雑談をはじめないよう、開始段階では参加者をミュートにするかどうかを設定できます。

■ミーティングをローカルコンピューターに
自動的にレコーディングする

ミーティングの開始と同時に自動的にレコーディングを始める設定ができます。この場合、データはホストのパソコンに保存されます。

同様の設定はミーティングルームからもできます

「参加者」のリストを表示し、下にある「…」をクリックすると右のようなチェック項目が現れます。

全員にミュートを解除するように依頼
開始時にミュート
✓ 参加者に自分のミュート解除を許可します
✓ 参加者が自分の名前を変更するのを許可する
誰かが参加するときまたは退出するときに音声を再生
✓ 待機室を有効化
ミーティングをロックする

■ 「スケジュール」の使用シーンとIDの注意点

Zoom営業における使用シーン

　社内外を問わず、商談やミーティングは日時を定めて行うため、ビジネスにおけるZoom利用では「スケジュール」からのミーティングが一般的です。Zoom営業においても、新規顧客にZoomでの商談が可能な日時を伺ったり、既存顧客との定例ミーティングを組んだりする際にスケジュールを使用することになります。

「スケジュール」でのミーティングIDの注意点

　「新規ミーティング」から生成されたミーティングIDが一度ミーティングを終了するとすぐ失効するのに対し、「スケジュール」から生成されたミーティングIDはミーティング開始日の30日後に失効します。その間は、同じIDで再度ミーティングを行うことができます。

　また、「定期的なミーティング」にチェックを入れた場合、最後にミーティングを開始した日から365日後の失効となります。つまり、1年以内に同じIDで再度ミーティングを行えば、失効はさらに1年後に延びるということです。

スケジュールでのミーティングIDのポイント

- **「定期的なミーティング」にチェックを入れない場合**
  ▷ミーティングの開始日の30日後に失効する
- **「定期的なミーティング」にチェックを入れた場合**
  ▷ミーティングの開始日の365日後に失効するが、それまでに再度ミーティングを行えばまた365日後に延長される

※60ページの「新規ミーティング」で発行されるミーティングIDとの違いを確認しておきましょう！

第4章

Zoomを使ってみよう②
ミーティング中の基本の操作

Zoomミーティングで使う 設定と機能

いよいよあなたがホストを務めるZoomミーティングの開始です。まずはミーティング画面で表示されている表示設定や管理ツールを確認していきましょう。

基本的な機能一覧

ミーティング情報
現在のミーティングID、パスワード、招待URLなどを確認可能

設定
ミーティングに関する各種設定

スピーカービュー／
ギャラリービューの切替

名前
クリックで自分や参加者の名前を変更できます

ミーティング管理ツールバー

ミーティング管理ツールバー

❶ **ミュート／ミュートの解除**……あなたのマイクが拾う音のON／OFF

❷ **ビデオの開始／停止**……あなたの顔を映すカメラのON／OFF

❸ **セキュリティ**……参加者のアクションに対する制限と許可の設定

❹ **参加者**……現在の参加者の一覧や招待、強制的なミュートなど

❺ **チャット**……全体／個別へのチャット

❻ **画面を共有**……資料の共有やホワイトボードの展開

❼ **レコーディング**……録画のON／OFF

❽ **ブレークアウトセッション**……参加者を分割し、グループミーティング
を設定

❾ **反応**……拍手や賛成などのリアクションをアイコンで表示

Zoomポータルサイトでの設定を確認しておきましょう

　ここで紹介したツールが、ミーティング画面下のツールバーに表示されない場合、Zoomポータルサイトでの個人設定で機能が有効になっていないことが考えられます。特に「ブレークアウトセッション」はデフォルトでは無効になっています。

　Zoomポータルサイトからサインインし、必要な機能を有効にしておきましょう。左記で表示しているミーティング画面の「設定」からポータルサイトにアクセスすることも可能です。**「設定」→「一般」→「さらに設定を表示」**をクリックするとポータルの個人設定にアクセスします。

ミーティングの
環境を整える操作

まずはミーティング環境の設定を整えましょう。Zoomには多く
の細かな設定がありますが、ここでは最低限必要な操作方法を説
明します。

音声と画面のON／OFF

もっとも重要な設定は音声と映像です。これさえ機能していれば、
とりあえずミーティングが成立します。

ホスト自身の音声と画面のON／OFF

ホスト（あなた）の音声と画面の切り替えは、ミーティング管理ツー
ルバーの左隅にあるアイコンをクリックするだけでできます。

参加者の音声と画面のON／OFF

ホストは参加者の音声と画面をOFFにする権限を持っています。ま
た、ONにすることを求めるメッセージを送ることができます。つま
り独断でOFFにはできるが、ONは勝手にできないということです。

参加者が音声／画面がOFFになっていることに気がついてないと
きにONに切り替えるよう促すことができます。また、騒音が激しい
方をミュートにしたり、相応しくないものをカメラに映している方の
画面をOFFにすることで、ミーティングの健全性を保てます。

参加者の音声と画面のON／OFFは、参加者の映像の右上の「ミュート」「…」、またはツールバーの「参加者」をクリックして表示される参加者リストから操作することができます。また、「すべてミュート」をクリックすると参加者を一括でミュートにすることができます。

■ スピーカービュー／ギャラリービューの切り替え

スピーカービュー

ギャラリービュー

　ミーティング画面右上で「スピーカービュー」と「ギャラリービュー」の切り替えが可能です。スピーカービューは、いま話をしている人をZoomが判断して大きく映しだします。一方、ギャラリービューではホストと参加者を均等に並べます。あくまで自分の画面の映し方を設定するため、ほかの参加者の画面に影響を与えることはありません。

▶ 音声と画面のON／OFF

Click!

　ツールバーの「セキュリティ」をクリックすると、ミーティングの参加者が行うアクションの権限など、セキュリティに 関わる設定を変更できます。ここに表示される項目は、Zoomポータルサイトの個人設定で各機能を許可しているかどうかで変わりますのでご注意ください。

ミーティングをロックする……ミーティング開始後、これ以上の参加者が入ってこれないようミーティングをロックすることができます。遅刻者や退室させた参加者を締め出したり、不特定多数に知られているマイパーソナルミーティングIDを使用したミーティングでは無関係な方の入室トラブルを防いだりすることができます。

待合室を有効化……66ページで説明した「待機室」の設定です（お気づきの方も多いと思いますが、Zoomはもともと英語表記のため、日本語表記のブレが多くみられます）。

各種機能の制限……参加者がミーティング中に使える機能に制限をかけることができます。

📹 レコーディング

Click!

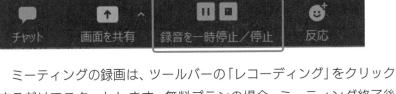

ミーティングの録画は、ツールバーの「レコーディング」をクリック
するだけでスタートします。無料プランの場合、ミーティング終了後
に自分のパソコンに動画ファイル（mp4形式）として保存されます。

また、有料プランに加入している場合、Zoomのクラウドサーバー
に保存ができます。「レコーディング」をクリックした際に保存先を
ローカル（自分のパソコン）かクラウドかの選択肢が表示されます。
また、事前にZoomポータルサイトの個人設定から「記録」タブに移動
し、「クラウド記録」が有効になっていることを必ず確認してください。

参加者がレコーディングを希望した場合の対応方法は？

Zoomでは、レコーディングの権限はホストに
あります。参加者がレコーディングをする場合に
は、ホストが参加者に「レコーディングの許可」を
与える必要があります。

許可を与えたい参加者の画像の右上にある
「…」をクリックし、「レコーディングの許可」を選
択（右図）。または、ツールバーの「参加者」をクリ
ックし、参加者リストの該当者の右に表示される
「詳細」から可能です。

※Zoomアカウントを取得し、サインインをしていない参加者
はレコーディングができないので注意。

📹 ブレークアウトセッション

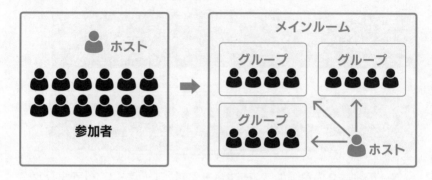

「ブレークアウトセッション」は参加者を小グループに分けてグループで話し合いができるようにする機能です。Zoom営業では活用の機会が少ない機能ですが、お客様向けのセミナーや社内の勉強会などで効果を発揮する機能です。ぜひ覚えておきましょう。

1 作成するセッション数の設定

　ツールバーの「ブレークアウトセッション」をクリックすると、セッションの作成画面が表示されます。

　セッション数、つまりグループの数を入力し、それぞれの参加者のグループ分けを自動で行うか手動で行うかの選択を行います。

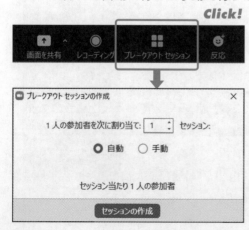

2 ホスト自身の音声と画面のON／OFF

続いて表示される上記の画面では以下の設定ができます。

❶ **セッション（グループ）名の変更**

❷ **不要なセッションの削除**

❸ **各セッションの参加者の割り当て**

参加者の名前にカーソルを合わせると「移動（別のセッションへの移動）」「交換（別のセッションにいる参加者と入れ替え）」が表示され、セッションの割り当てを変更できます。

❹ **再作成**

セッション数や割り当ての自動・手動を再設定します。

❺ **オプション**

次のページの説明をご参照ください。

❻ **セッションの追加**

❼ **すべてのセッションを開始**

設定が完了したら、ここをクリックしてブレークアウトセッションを開始します。

3 ホストのセッションへの入退室

　セッションを開始すると、セッションに参加している参加者はメインルームからいなくなりますが、ホストは残ったままとなります。

　そこで、再度「ブレークアウトセッション」をクリックし、各セッションの「参加」をクリックすることでセッションに加わることができます。再びメインルームに戻る場合や、別のセッションに移動する場合も「ブレークアウトセッション」をクリックし、このウインドウから出入りすることができます。

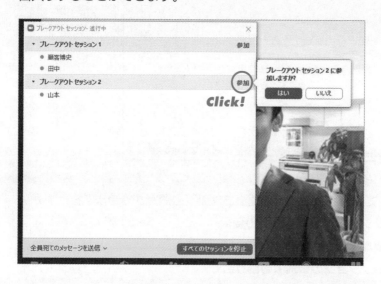

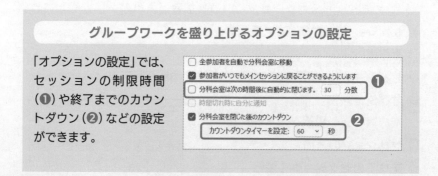

グループワークを盛り上げるオプションの設定

「オプションの設定」では、セッションの制限時間（❶）や終了までのカウントダウン（❷）などの設定ができます。

☐ 全参加者を自動で分科会室に移動
☑ 参加者がいつでもメインセッションに戻ることができるようにします
☐ 分科会室は次の時間後に自動的に閉じます。　30　分数　❶
☐ 時間切れ時に自分に通知
☑ 分科会室を閉じた後のカウントダウン　❷
　　カウントダウンタイマーを設定：　60　∨　秒

▸ バーチャル背景

　Zoomには「バーチャル背景」という便利な機能があります。部屋の背景が散らかっていたり、プライベートを見せたくないときに自分の顔以外を任意の画像や動画に切り替えたりする機能です。

　70ページで紹介した画面左上の「設定」を開き、「バーチャル背景」のタブを選んでください。初期設定のサンプル背景をクリックすると、上のプレビューで背景の切り替わりを確認できます。

　また、サンプル背景の右上の「＋」をクリックすることで自分で用意した背景画像を取り込むことができます。

　なお、グリーンスクリーンを敷くと、さらに顔と背景の境目が明確になり、違和感のないバーチャル背景を楽しめます。

> ### 顔映りを良くする機能も！
>
> 上記設定画面の左側「ビデオ」のタブを開き、「外見を補正する」の項目にチェックをつけると、肌の質感などが補正され、顔映りがアップします。

Section **4-3**

スムーズな情報共有を
行うための機能と操作

商談やプレゼンテーションでは、お客様にストレスなくわかりやすく
必要な情報を提供することが肝心です。Zoomでは、そのための便
利な機能が取りそろえられています。さっそく実践してみましょう！

■ ファイル画面の共有

　一般的なWEBミーティングでも、Zoom営業においても、高頻度で
使用するであろう機能、それが「画面共有」です。いま、自分のパソコ
ンで開いているワードやエクセル、パワーポイント、PDFなどのファ
イルを、ほかの参加者全員が見られるようZoom上に表示させること
ができる機能です。

　単にメールで事前に資料のファイルを送るのは、リアルの営業でい
えば資料をそのままお渡しするようなものです。本来、説明の流れに
合わせて資料を開き、ポイントを指し示したり、ペンで書き込みなが
ら説明することが多いはずです。

　Zoomでは、こちらがファイルを操作して、相手の画面に見せたい
ページを表示できるだけでなく、ポインターを使ってポイントを示し
たり、書き込みをリアルタイムで見せたりすることができるのです。

ファイル画面の共有でできること

- Zoomの画面上で、資料の「いま見せたいページ」を開いて
  相手に見せることができる
- ポインターで見てほしい場所を示したり、
  ペンでチェックして見せたりすることができる

🔳 共有したいファイルを開く

　Zoomの画面共有は、正確には「ファイルを共有する」のではなく、「パソコン上でいま開かれているウインドウを共有する」機能です。そのため、まずは共有したいファイルをいつものように開いてデスクトップ上に表示してください（仮に「サンプル.pdf」とします）。ZoomでのWEBミーティング前でも、ミーティング中でも構いません。

デスクトップやフォルダ内の
任意のファイルを、いつもど
おりに開いてください。

🔳 Zoomで共有するウインドウを選択する

　ミーティング画面の下のツールバーから「画面の共有」をクリックし、共有するウインドウの選択画面を開きます。いま、あなたのパソコンで開かれているウインドウが表示され、そのなかに先ほど開いたファイル「サンプル.pdf」が表示されているはずです。

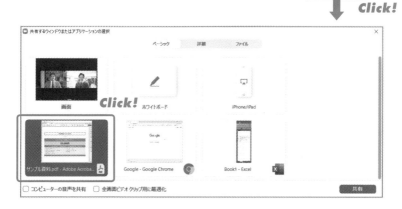

3 共有画像へのコメント付け

　共有したい画面を選択すると、以下のようにZoomの参加者の映像は縮小され、いま全員と共有している画面（サンプル.pdfの画面）が大きく映し出されます。この画面はカーソルの動きも含めて参加者の画面にもまったく同じように映し出され、ページをスクロールすると、参加者もタイムラグなくスクロールされる様子を見ることができます。

　上に表示されているツールバーから「コメントを付ける」を選択すると、その下に資料へのさまざまなアクションを起こせる新たなツールバーが表示されます。

> **画面の共有や、画面への書き込みは参加者もできます**
>
> ■ Zoomポータルサイトからの設定で画面共有の権限を「ホストのみ」から「全参加者」に変更すれば、参加者も画面共有が可能。
> ■ 書き込みは初期設定で参加者も可能です。

4 共有画像へのコメント付け

　書き込み機能のうち、使用頻度が高いであろう3種類の機能をご紹介します。「テキスト」で画面に文字を入れるほか、「絵を描く」ではフリーハンドのペンや直線、長方形などを書き込めます。また、「スポットライト」はLEDポインターのように色付きの光でカーソルを目立たせ、画面の見てほしい部分を指し示すのに効果的です。

　ツールバーの右半分は、「消しゴム」や「元に戻す」など修正に使うツールのほか、書き込みを加えた資料を最終的に「消去」するかファイルとして「保存」するかを選択できます。保存したファイルはもちろん参加者と共有することができます。

📹 ホワイトボード

Zoomでは「画面共有」に加え、「ホワイトボード」という便利な機能があります。画面共有で行った書き込みを、まっさらな白紙の上で行うための機能です。

Zoom営業では、例えば資料にない情報を説明するために絵や図を描いて説明したり、あるいは、お客様と互いにアイデアを書き出したりするのに役立つ機能です。

ブレークアウトセッションとホワイトボードを併せて活用すると、まさにリアルのセミナーや会議で行われるグループワークをZoom上で再現することができます。

1 ホワイトボードを立ち上げる

ツールバーの「画面の共有」を選択し、先ほどの共有するウインドウの選択画面のなかの「ホワイトボード」を選択肢します。

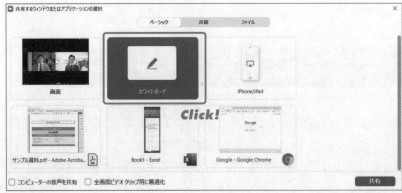

② 書き込みを行う

ここからは、画面共有の書き込みと同じです。ツールバーの「ホワイトボード」をクリックし、書き込みのアクションのツールバーを表示します。画面共有と機能は同じですが、使う頻度が高まるのが「選択」というコマンドです。書いた線や文字、作図した図形などを下記の写真のように選択して自由に動かせる機能です。

例えば、グループワークで参加者全員が1枚のホワイトボードにアイデアを書き込み、最後にアイデアを動かして分類整理する、といった活用が想定されます。

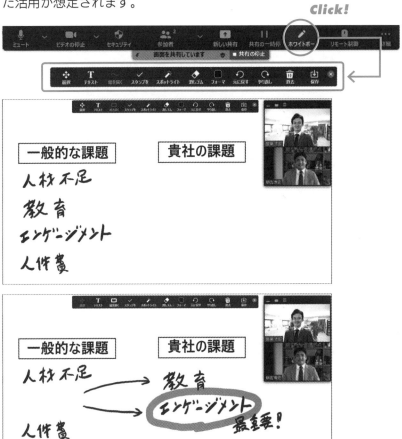

🎥 チャット

　Zoomではミーティング中にテキストによるチャットをすることができます。見てもらいたいサイトのURLを送るときや、会話を遮らずに途中退席を伝えるとき、音声に不具合が起こっている参加者への対応などに便利な機能です。ファイルの送信も可能です。

　全員宛て（パブリック）のチャットと、ほかの参加者には見えない個人宛て（プライベート）のチャットを使い分けることができます。

チャットを行なう方法

　ツールバーの「画面の共有」を選択し、先ほどの共有するウインドウの選択画面のなかの「ホワイトボード」を選択肢します。

❶ ツールバーから「チャット」を選択し、チャット画面にします。
❷ 送信先を「全員」または任意の参加者名を選択。
❸ ここにメッセージを入力すると上のスペースに反映されます。
❹ ファイルを送る場合はこちらをクリック。
❺ チャットの保存や参加者のチャットの権限を設定できます。

ミーティング中のチャット設定

■ チャットの保存

　現在までのチャットをテキストファイルで保存できます。無料プランではローカル（自分のパソコン）への保存のみで、「全員」宛てに行われたチャットと、ホストと任意の参加者とのプライベートなチャットが両方保存されます（参加者と共有する際はプライベートなチャットまで共有しないよう注意が必要です）。

　また、有料プランではZoomのクラウドサーバーに「全員」宛てのチャットのみを保存可能です。なお、Zoomポータルサイトの設定から「チャットの自動保存」を設定することができます。

■ 参加者のチャット権限の設定

該当者なし……参加者はチャットができないようにします
ホストのみ……参加者はホストに対してのみチャットが可能
全員をパブリックに……参加者は「全員」宛てのチャットのみ可能
全員をパブリックおよびプライベートに……参加者は「全員」宛てと、任意の参加者とのプライベートなチャットが可能

> **Zoomポータルサイトでの設定を確認しておきましょう**
>
> ここで紹介した機能や、設定の選択肢が自分のZoomで見当たらない場合、Zoomポータルサイトの個人設定で関連項目が無効・禁止になっている場合が考えられます。

第5章

ストーリーで見る
ZOOM営業のメリット

シチュエーション①
新規開拓営業を効率化する
Zoom営業の効果とは？

Zoomを活用することで、私たちの営業活動はどのように変化するのでしょうか？ Zoom営業によってメリットをつかんだ5つの架空の企業のストーリーをもとに、想像を働かせてみましょう。まずは、新規開拓営業の事例から見ていきます。

🎥 新規開拓が困難な「投資型マンション」販売営業の例

株式会社ジー・ネクスト不動産（仮称）
オーナー営業部1課　Aさん　27歳
※企業・個人は架空であり実在しません

　ジー・ネクスト不動産は、関西圏で「ネクスレジデンス」ブランドの投資型マンションの建設・販売・運用を手掛ける企業です。「1000万円台からのマンション経営」を標榜し、20代〜70代までの一般のお客様をターゲットに、1戸単位でのマンション経営による資産運用をお勧めしています。

　Aさんの業務は、新規のマンションオーナーを探すこと。既存顧客担当であればワイン会やゴルフコンペなどのイベントを通じて資産を持つお客様をもてなし、買い増しをお勧めする優雅な仕事ですが、Aさんの担当する新規開拓は街頭でのティッシュ配りやテレアポなど、地道な営業活動が必要とされる業務です。

　ただし、新規営業はインセンティブが高く、成績を上げれば高収入が期待されるため、効率的な営業活動で成約数を高めたい。そこでAさんが取り入れたのがZoom営業です。

🎥 これまでの「1日のスケジュール」

　ビジネスパーソン向けの営業活動のメインは出勤時間帯のティッシュ配り、ほか経営層・定年退職者向けにテレアポを実施。午後はWEBやDM、紹介からの見込み顧客も含め、訪問営業やマンションの内見を行います。商談は1日2〜3件、成約も月に2〜3件のみ。

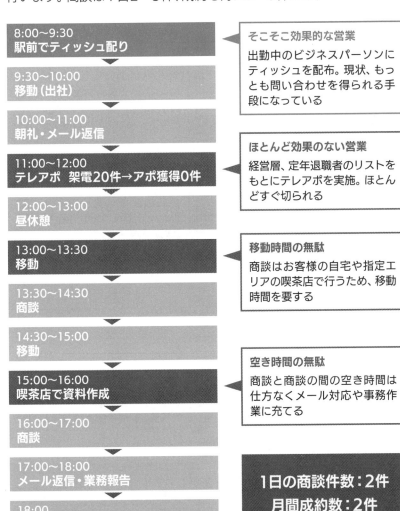

8:00〜9:30
駅前でティッシュ配り

9:30〜10:00
移動（出社）

10:00〜11:00
朝礼・メール返信

11:00〜12:00
テレアポ　架電20件→アポ獲得0件

12:00〜13:00
昼休憩

13:00〜13:30
移動

13:30〜14:30
商談

14:30〜15:00
移動

15:00〜16:00
喫茶店で資料作成

16:00〜17:00
商談

17:00〜18:00
メール返信・業務報告

18:00
直帰

そこそこ効果的な営業
出勤中のビジネスパーソンにティッシュを配布。現状、もっとも問い合わせを得られる手段になっている

ほとんど効果のない営業
経営層、定年退職者のリストをもとにテレアポを実施。ほとんどすぐ切られる

移動時間の無駄
商談はお客様の自宅や指定エリアの喫茶店で行うため、移動時間を要する

空き時間の無駄
商談と商談の間の空き時間は仕方なくメール対応や事務作業に充てる

1日の商談件数：2件
月間成約数：2件

📹 Zoom営業を取り入れた「1日のスケジュール」

8:00〜9:30	駅前でティッシュ配り
9:30〜10:00	移動（出社）
10:00〜11:00	朝礼・メール返信
11:00〜12:00	テレアポ 架電10件→Zoomアポ獲得1件
12:00〜13:00	昼休憩
13:00〜13:30	Zoomで商談（失注）
13:45〜14:15	Zoomで商談（検討を継続）
14:30〜15:00	Zoomで商談（受注）
15:15〜15:45	Zoomで商談（失注）
16:00〜16:30	Zoomで商談（失注）
16:30〜17:00	移動
17:00〜18:00	契約手続き
18:00〜18:30	移動
18:30〜20:00	契約の事務処理後、退勤

Zoom対応のビラを配布
出勤中のビジネスパーソンに配るティッシュに「Zoomで気軽に相談しませんか？」と訴えるビラを自分で印刷して挟み込みを実施。心理的なハードルが下がり、問い合わせ件数がアップ！

テレアポの目的をZoomに設定
「Zoomでご案内」「興味がなければすぐ退出できる」ことを伝え、目的をZoomでのアポ獲得に絞った

初回の商談にZoomを導入
初回の説明は最大30分としてZoomで実施。1日の対応件数が飛躍的にアップ！

内見や契約はリアルで対面
2回目以降のご説明やマンションの内見、契約手続きはリアルの対面で行う

1日の商談件数：6件
月間成約数：4件

Zoomによって緩和される「お客様の警戒心」

　同社のマンション経営による利回りは実際に高く、商品としての魅力はあるため、自分からWEBや資料を通じて検討したお客様の成約率は高い傾向にあったそう。しかし、テレアポでは、資産運用に興味はあっても「だまされる」「売り込まれる」という警戒心を打破することが難しく、非効率な営業活動になっていたのです。

　「Zoomで気軽に相談しませんか？」というフックを設けたことで、お客様は押し売りの心配や「わざわざ足を運んでもらった申し訳なさが弱みになる」といった不安を感じることなく、「嫌だったら退出すればいいだけ」という気軽さが生じます。そのため、興味が勝ったお客様が商談に応じてくれる確率が大幅にアップしました。

　また、経営者層には「Zoomを体験してみたい」という関心から、商談に応じてくれるケースも見られたそう。

Zoomによって効率的に商談件数が向上

　これまでの初回の商談では、お客様を逃がしたくない一心からマンション経営の説明から資産運用の試算を行い、できればクロージングまで一気に持っていこうとしていました。要するに、1回1回の商談が「重い」のです。

　Zoom営業では、初回の商談は1回30分とし、まずはお客様の興味に応えることに注力しました。2回目、3回目もZoomで話すことができ、マンションの内見や詰めの商談では訪問営業を行うスタンスです。

　これにより、1日の商談回数を従来の3倍以上に高め、成約数も向上。商談の回数を重ね、お客様の不安や興味に寄り添う営業を行うことで、購入後の満足度の向上にもつながりました。

シチュエーション②
立地的な不利をZoomで打開！
地方企業の全国展開への道

全国で勝負できる技術や商品を持ちながら、地方の限られた範囲でのビジネスに甘んじる企業は多いでしょう。そんな企業にとって、Zoomはビジネスチャンスをつかむきっかけになり得ます。

🎥 東京が遠すぎる、長崎の明太子製造会社の例

有限会社ながさき明太堂本舗 (仮称)
代表取締役社長　Bさん　40歳
※企業・個人は架空であり実在しません

　明太子といえば博多ですが、同社では古くから地元・長崎の素材にこだわった独特な明太子を製造しています。

- 出汁に長崎・五島名産の「塩あご」と「さば節」を使用
- 長崎特有の甘味の強い醤油を使用
- 辛味よりも甘味と旨味を強く押し出す独自性ある明太子
- 柚子胡椒と相性が良く、好みの辛さに調味できる

　そんな「博多明太子」とは異なる独自性から「知る人ぞ知る逸品」として高い評価を受け、空港や駅でも扱っていますが全国的に見れば無名。観光客も長崎で明太子に目を向ける人は多くありません。
　昨年、3代目の社長に就任したBさんは、このままスモールビジネスを継続することは逆にリスクと考え、なんとか全国的に「ながさきの明太子」の名を広めたいと考えています。

📹 これまでの営業手段における悩み

　まずは九州物産展などの百貨店催事に参加したいと考え、過去に何度も東京の百貨店を訪問しようとしましたが、電話の時点で「明太子なら博多のもので十分」「消費者に価値が伝わりにくい」と言われ、「わざわざ申し訳ないですから」と検討してもらえません。

　「数打てば当たる」とばかりに何度も足を運びたくてもコネクションがなく、出張には費用も時間もかかる。高齢の両親に工場を長く任せるわけにもいかず、攻めあぐねている状態でした。

地方から都市圏への営業の問題点

- 交通費・宿泊費などの経費がかかる
- 時間がかかり、現場を長く空けることになる
- 相手にとっても「遠方から出向かれる」ことが重い

📹 Zoomを活用して突破口を切り開く

Zoomで心理的な負担なく「紹介」をしてもらう

　Bさんは、地元の友人で、すでに全国に販路を持つ酒造会社の若社長に「取引先に自分を紹介してもらえないか」と相談に行きました。返答は「お客様が長崎に来たときや、お客様が紹介を求めたときならいいが、頼まれてもいないのに君を東京に同行させて紹介するのは心象が悪い」というもの。

　しかし、次善のアイデアを出してくれました。「でも、近頃はZoomで商談を行うことが多いよ」と言い、「だから、Zoomで商談中に『地元に面白い明太子をつくる企業があって、ウチの酒にも合うんです。ご紹介させてください』と話を振ろう。OKが出たら君をZoomに招待する」と言ってくれたのです。

スピーディーな対応でチャンスをつかむ!

　友人からZoomの招待を受けるチャンスはすぐに訪れました。相手は東京・池袋の有名百貨店のバイヤーです。来週、同店で開催される九州物産展で、友人の酒造の焼酎ブースに並べる「酒のアテ」として検討してもらえることになりました。

　ただし、物産展への一時的な出品とはいえ、同百貨店と取引をする新規の生産者は以下の資料を提出する必要がありました。

- **■ 食品衛生管理に関する調査シート**
- **■ 受注増に対応できる生産体制に関する調査シート**
- **■ その他、出品に関する契約書　など**

　本来なら1週間以上かけて信用調査の手続きをするものの、この日の酒造との商談はすでに開催直前の「詰め」の段階。参加するのなら一両日中に各書類を提出する必要があります。

　「あと、とりあえず『きちんとした製造環境』であることが上司に伝わるよう、製造環境や工程を動画で撮影して送ってもらえますか?」と、補足資料を求められました。

　その場で調査シートをZoomの画面共有で映し出し、バイヤーの説明を受けたBさん。Zoomのチャット機能でファイルを送ってもらい、3時間後に再度、Zoomで商談を行うことを約束しました。

　3時間後、記入済みの調査票のPDFを再びZoomのチャット機能で提出。**スマートフォンで撮影した製造工程の動画をZoomの画面共有でバイヤーに見せながら**、製造の安全性や製品のこだわりを説明。

　最初は訝しげだったバイヤーにも興味も持ってもらうことができ、スピーディーに商談を成立させることに成功しました。

📹 Zoomの活用でコミュニケーションを加速させる

リアルでつかんだチャンスをZoomで広げる

　九州物産展の当日、Bさんも上京して酒造のブースに立ち、焼酎と明太子の実演販売に精を出します。実際に食べていただいたお客様からの評価は高く、売れ行きも上々です。百貨店バイヤーには今後の単独出店や、デパ地下に常設する全国名産品コーナーへの出品も検討してもらえることになりました。

　また、リサーチに来た流通業関係者や、メディア関係者と名刺交換をする機会にも恵まれました。Bさんはメールで商品に対する自分の思いを伝え**「いつでもZoomで気軽にお話させてください」**と連絡していきました。

地元にいながら人脈を広げ、知名度アップに成功！

　後日、物産展に参加した企業や、名刺交換した方々とのZoomミーティングを行うなかで、さまざまな消費者視点のアドバイスをもらうことができたのです。

「パッケージが弱いので、訴求力を高めた方がいいですよ。腕のいいデザイナーを紹介しますよ」

「商品のバリエーションが欲しいですね。同じ長崎の〇〇さんとコラボ商品をつくりませんか？」

「長崎の世界遺産に関連した番組企画があるんです。リサーチャーの方にご紹介してもいいですか？」

　つないでいただけるご縁にはZoomですぐに対応し、地元で製造ラインを管理しながら全国の方々と打ち合わせを実施。地元にいてはわからなかった視点やノウハウが集まり、商品を改善することで「ながさきの明太子」の認知を高めることに成功しました。

シチュエーション③
東京ー大阪をZoomでひとっ飛び
営業同行で顧客の本音を探れ！

Zoomの魅力は「同行」が簡単にできること。さらに、Zoomでミーティング中に、お客様に気づかれないようチャットで指示を送るといったことも可能です。その機能を活用した「同行」の事例をご紹介します。

📹 「関西特有のニーズ」が知りたい東京のマーケターの例

株式会社HRシステムズ（仮称）
マーケティング部　Cさん　30歳
※企業・個人は架空であり実在しません

　株式会社HRシステムズは、東京を拠点に人材マネジメントシステム「HRビューイング」を開発・提供しているベンチャー企業です。

　「HRビューイング」は、これまでExcelや紙で管理していたため気軽に閲覧できなかった社員台帳や人事評価などの情報をクラウド上で見やすくデータベース化。社員の異動履歴や評価履歴、給与情報、キャリア志望、面談のコメントなど、あらゆる社員情報を瞬時に見られるようにし、分析やグラフ化をすることで経営層の意思決定や人事・総務、管理職の人材マネジメントに役立てるシステムです。

　関東、中京エリアで導入企業数を伸ばし、いよいよ関西エリアで導入企業を拡大するにあたり、本部のマーケティング担当者としては関西の企業のニーズを探りたいと考えています。

　そこで、Zoomによるマーケティングリサーチを開始しました。

📹 Zoomによる営業同行で効果的なリサーチを実施！

リサーチの目的は「関西企業のニーズを把握すること」

　企業の人材不足は全国共通の悩みですが、人材不足に至る理由には地域差があります。

　例えば、同社のリサーチでは、関東圏では経営層と社員、上司と部下のコミュニケーション不足による風通しの悪さが従業員満足度の低さとなり、退職の原因につながる傾向があります。そのため「HRビューイング」の主なニーズは「社員を理解したい」というもの。社員とのコミュニケーション促進のツールとして経営層をメインターゲットに売り込む戦略をとっています。

　一方、関西圏では組織の縦横のコミュニケーションは十分に取れているものの、トップの強烈なリーダーシップや、社員のモチベーションや能力に頼りがちなビジネスモデルが不満となり、退職につながっているケースが多いように感じていました。いわば「商魂」を人に求めがちな傾向をCさんは予測しています。

　そうであれば、ターゲットは経営層というよりも、人事や現場が「HRビューイング」を通じて社員の実態や気持ちを集約し、経営層を説得するためのツールとしてのニーズが強いかもしれません。Cさんは、その実態をリサーチで明らかにしたいと考えています。

リサーチの方法

　昨年できたばかりのHRシステムズ大阪支社では、数名の営業担当者が関西圏での営業活動を行い、ネットワークを広げています。

　今回は「HRビューイング」を導入する大阪のレストラン事業会社「あべのフーズ」の経営者に対し、「アフターフォロー」という名目でミーティングを実施。それを「新たな取り組み」として敢えてZoomで行い、本部のマーケターであるCさんも同席しました。

🎥 チャット機能をフル活用し、ホンネを探る

　営業担当者の目的はあくまでアフターフォローのため、あべのフーズ社の「HRビューイング」の使用状況の確認と、困りごとのヒアリングが中心です。その筋に沿った話なら質問することができます。

　一方、マーケターは「貴重な導入事例を伺い、今後のシステムの機能向上に役立てる」というのが建前ですが、経営者と関係性ができていないため、あまり踏み込んだ質問は得策ではありません。

　そこで、Zoomのチャット機能を使い、Cさんが聞きたい質問を営業担当者に水面下で伝え、ヒアリングをコントロールしていきます。右の会話のフローチャートのように、社長から「社員の退職」に触れる話が出てきた段階で、Cさんから営業にチャットで「退職理由を聞いてください」という指示と、聞き方のアドバイスを出しています。

　その結果、社員の不満や退職につながりそうな社長の考え方を引き出すことに成功。「なぜ、社長はそうした考えに至ったのか」「知り合いのほかの社長も同様の考えか」といったストレートには聞けないことを、発言役と作戦立案役にわかれて対応し、上手く引き出していきました。

Zoomによる「同行」が生み出す可能性

　支社を設置した場合、営業スタッフは新たに現地採用が行われ、本部の営業力と差が生じる場合があります。

　実践経験豊富な本部のエースを支社の営業担当者にZoomで同行させることで、商談中にチャットでアドバイスをしたり、商談後にフィードバックを行ったりするなど、営業力の強化を図ることが可能です。

営業と社長のZoomでの会話

　主にどんな目的で「HRビューイング」を使用されていますか？

社長
- 100店舗あるため、**店長がひとり辞めると玉突きで5人は異動が必要**
- **毎月、退職者が出て異動が発生する**
- 社員には、つねに新しいチャレンジが必要。以前いた店舗に配属されないよう異動履歴を正確に把握したい

営業
使い勝手はいかがですか？

マーケターCさん
この流れで社員の退職理由を聞きたいです

営業　聞きづらいです

マーケターCさん
「店舗ごとの売上が取りにくい商圏特性が退職の原因になりますよね。そういう情報もデータベースに残せると異動の検討材料になりそうですね」と話を振ってください

社長
いい感じですよ

営業
店長の退職は、店舗の特性も原因ですよね。そういう情報もデータベースに残せると便利ですか？

社長
いや、店舗の立地や業態は関係ない。重要なのは人の「心」ですよ。**退職する人間は結局、心が弱いのです**

シチュエーション④
「言った」「言わない」の トラブルをZoomで解決した例

商談中の発言を記録することで、発言や約束の証拠としたり、あるいはハラスメント被害を証明したりすることにもつながります。ここでは、クライアントの「ウソ」による被害を防いだ事例を紹介します。

🎥 クライアントの「ミス隠し」に翻弄された広告マンの例

株式会社デザインズーム（仮称）
メーカー営業部　Dさん　25歳
※企業・個人は架空であり実在しません

　株式会社デザインズームは主に食品メーカーをクライアントとし、コンビニや食品スーパーなどの売場に展開する販促用POPや、キャンペーン告知ポスターなどを制作する札幌の広告制作会社です。

　入社2年目のDさんは、1年間の先輩社員の同行を終え、今年からひとりで営業を担当しはじめました。

　担当クライアントは北海道では有名な製パン企業「帯広パン」。会社の総売上の3割を支える主要取引先です。Dさんがひとりで担当する初仕事は「おびひろ　パンの雪まつり」というプレゼントキャンペーン。パンについた点数シールを集めると雪のように白い食器がもらえる冬の定番キャンペーンで、仕様やデザイン、キャンペーン内容が毎年ほとんど変わらないため、新人向けの案件として扱われてきました。

　例年は、札幌から200km離れた帯広のクライアント本社に営業が出向するのですが、今年はZoomで札幌から対応することになりました。

 Zoomなら、デザインの打ち合わせもスムーズ！

Dさんにとって、帯広パンの販促担当Fさんとの Zoom ミーティングは想像以上に便利でした。というのも、Fさんの会話には「あれ」「それ」「いい感じで」「いつもどおりの」といった不明瞭な物言いが多いからです。

Zoomなら、昨年度の**キャンペーンポスターやシール台紙、シールのデザインのPDFを画面共有**で映しながら、

「先ほど仰った『いつもの感じ』というのは、ここのロゴデザインのサイズ感は変えないという解釈でよろしいですか？」

「『それ』って、ここ（Zoom画面上の資料にペンで着色しながら）のことですよね？」

と、あいまいな発言の意図を確認することができます。

また、「いま競合が展開しているキャンペーンと雰囲気がかぶるのは困る」と言われれば、**WEBでキャンペーンのビジュアルを検索し、そのURLをチャットで共有**。

ホワイトボード機能を使い、キャッチコピーのアイデアを出し合ったり、おおまかなポスターのデザイン構成を描いたりするなど、スムーズな検討が実現。帯広に出向しなくても、今年度の仕様をしっかりまとめることができました。

📹 印刷枚数の誤りから、責任問題に発展

キャンペーン展開規模と印刷枚数の行き違いが発生

　Zoomを使ったデザインの打ち合わせには、まったく問題はありませんでしたが、事故は起こってしまいました。

　要求されたキャンペーンツールの印刷枚数は、例年どおり応募用紙100万枚、点数シール200万枚、ポスター2万枚。コンビニや食品スーパーなど、北海道すべての帯広パン取扱店舗で展開予定でした。

　しかし、今年は国内最大手の製パン企業が似たようなキャンペーンを冬に実施するため、大手コンビニでは「おびひろ　パンの雪まつり」の展開が不可能に。そのため食品スーパーのみの展開とし、印刷枚数は例年の半分でよかったのです。「それは2カ月前に決まっていたはずだ」と、倍量の印刷済みキャンペーンツールを受け取ったクライアントから怒りの電話がかかってきました。

会社は「泣き寝入り」を要求

　クライアントのFさんは、デザインの仕様はもちろん、印刷枚数もすべて口頭だけでDさんに指示しており、印刷直前の最終確認でも「枚数は例年どおり」と言っていました。

　しかし、Fさんは「私は展開が縮小になったことも、正しい印刷枚数も伝えた」と言い、過剰な印刷による損失をこちらが負担するよう要求してきたのです。

　デザインズームの経営陣は戦々恐々です。不興を買って取引停止となれば総売上の3割が失われるため、差額の印刷代100万円の賠償で済むなら手を打とうと言うのです。Dさんが真実を訴えても「言った言わないはどうでもいい。メインクライアントを怒らせた事実そのものが罪だ！」と激怒する役員もおり、このままでは「事なかれ主義」の判断から、Dさんの責任にされることは明白でした。

📹 レコーディング機能を証拠として使用し、問題解決へ

「Zoomで打ち合わせていたなら、動画が残っているだろう。当社がホストとして行うZoomミーティングは、すべて**自動でレコーディングされるよう設定**しているはずだが」

会議の場でそう言ったのは、Dさんの上司です。

「怒っている相手に長々とした証拠は見せられない。1分程度でクライアントが印刷枚数を言っているところを切り取れるか？」

Zoomのレコーディング動画はMP4形式のため、iPhoneなどのスマートフォンに転送し、動画アプリで編集・再生することができます。
（Zoomアプリには動画編集や再生の機能はありません）

重要部分だけにカットした動画をもって、上司は帯広のクライアント本社を訪問。先方の担当者Fさんの上司と会って事情を説明しました。

「Zoomの招待メールを送ったから、自分で先方の上司に説明しなさい」という上司の電話を受け、Zoomで商談での一連のやり取りを説明。「こちらもご担当者様のやり方に合わせて書面での確認を怠り、また、新人に一任した非があります。損失については折半でいかがでしょうか」と取りなしてもらえたことで、損失の責任を「マネジメントの問題」として上司が拾ってくれたのでした。

シチュエーション⑤
テレワーク環境下での
評価と成長支援の実現

最後は、対お客様ではなく、対従業員へのマネジメントの課題解決にZoomを役立てた事例をご紹介します。テレワーク時代における社員の業務管理や評価、成長支援は大きな課題となっています。

▶ テレワークでも社員の成長にコミットしたい社長の例

株式会社採用ラボ（仮称）
代表取締役社長　Eさん　42歳
※企業・個人は架空であり実在しません

　株式会社採用ラボは大阪に本社を置く、中小企業をターゲットに人材採用のコンサルティングを行う会社です。有名求人サイトへの掲出など、高いコストをかけて効果の薄い採用手法を行う企業に対し、コストを抑えて効果的な求人を行う手法や、掲載情報の最適化を提供しています。

　働き方改革や、アルバイトの人件費高騰などの社会変化をとらえ、創業から3年間で社員数は70人に拡大。順風満帆な事業成長を成し遂げていますが、代表のEさんは悩んでいました。

　ただ事業の成功を図るだけでなく、個々の社員がいかに満足して働き、成長を実感できる職場をつくれるかがEさんにとって創業のミッションでもあったからです。

📹 事業規模の拡大による変化、そしてテレワークへ

　Eさんは会社の立ち上げにあたり「社員を営業実績だけで評価することは避けたい」と考えていました。実績に至るプロセスを重視し、評価することが人材の成長につながると思ったからです。

　社員の成長支援や評価について、社員数が30人程度の頃は何も悩む必要がありませんでした。全員の顔を見て会話をし、考えも悩みも頑張りも、全力か手抜きかもすべて自然と理解できました。

　しかし、50人を超えたあたりから、社員の人物像はわかっても「彼が今期、どのくらい頑張っていたか」がつかめなくなっていきました。

　そこで、評価制度と成長支援の枠組みを見直し、評価制度に「目標管理制度（MBO）」を加え、併せて2週間に1度、全社員に30分の個別面談を行う「1on1ミーティング」を導入。1日2時間半を社員の面談に費やしながら、目標達成のプロセスを把握し、達成に向けたアドバイスを行ない、社員の成長支援と適切な評価を目指しました。

目標管理（MBO）と1on1ミーティングとは？

■目標管理制度（MBO）
　社員一人ひとりの目標を組織の目標と連動させ、業績アップを目指す制度。期初に社員が設定した個人目標を上司が組織目標と照らして調整し、その達成を上司が支援。期末に自己評価に対して上司評価によってフィードバックを行い、次期の目標設定につなげる。

■1on1ミーティング
　短いサイクルで定常的に行う上司と部下の1対1の面談。上司への報告や部下への指摘が目的ではなく、部下の話を聞き、現状や悩みに寄り添い、アドバイスなどを通じて部下の能力を引き出すことが目的となる。

しかし2020年、新型コロナウイルス感染症の拡大を受け、全社的にテレワークを導入。求人採用のニーズの減少による収益悪化は痛いものの、持ちこたえる体力はあります。誰もいないオフィスに立ち、Eさんが考えるのは「いま、ここにいない社員たちをどうマネジメントしていくのか」ということでした。

🎥 Zoom営業の確立

2020年4月以降の「緊急事態宣言」の間は、**既存顧客に対してZoomによるコンタクトを維持**し、主に現在の求人広告の掲出を見直す対応に追われました。

一方で、求人・求職のニーズがなくなったわけではないため、テレアポやオウンドメディア、WEB広告を通じて獲得できる**新規の見込み顧客へはZoomによる商談を実施**。Eさんと営業本部長が中心となって**Zoom営業のトークスクリプトをはじめ、スキームを早急に確立**。

また、Zoomによって**Zoom営業のロールプレイング**を実施したり、Zoomのレコーディング機能を使って実際の**Zoom営業の商談の動画を共有**したりすることで、営業担当者のレベルアップを図っていきました（実践方法は第6章を参照）。

🎥 テレワーク時代の成長支援と評価のあり方

Zoomの商談動画本数を「実績」として評価

急ぎ足にZoomによる事業継続の基盤を整えていくなかで、Eさんは「この不穏な状況下で頑張る社員をどう評価し、報いていくのか」を考えていました。

わかったことは「営業に関して言えば、**Zoomの商談動画を提出させれば『頑張り』はわかる**」ということ。動画本数は商談件数としての実績であり、習熟度はその動画を見てみればわかります。訪問営業に

比べて移動時間のロスがないZoomの効率性の高さを活かし、とにかくZoomで商談を成立させ、成約数を稼ぐ社員は事業の屋台骨であり、当然評価されなくてはなりません。

　よって、「Zoomの商談件数」と「成約実績」の数値は確実に評価する一方、その数値が低いものに対して「評価を下げない」ことをEさんは決めました。

顔が見えるから成立する「Zoom × 1on1ミーティング」

　テレワーク環境において、個々の社員は少なからず「生活」と「仕事」の板挟みにあいます。子どもの面倒を見ながら仕事をする者、オフィスと異なる環境では集中力の維持に努めることで精一杯の者など、それぞれ状況やレベルの差はあっても、自分の課題に向き合って創意工夫を図っているはずです。たとえ「甘い」と言われても、それを「実績」だけで一律に評価してしまっては、成長支援などできないように感じたのです。

　そこで、2週間に1度、30分だった1on1ミーティングをさらに細分化し、営業本部長と手分けして1日5分でも全社員と**毎日Zoomでコミュニケーション**を図ることにしました。

　「いま大変なことはある？」そんなひとことの声掛けに対し、言葉の上では「大丈夫です」と返しても、何かあれば表情にはあらわれます。顔が曇るようであればサポートを。明るく返すなら「いま何やってるの？」「なにかいいアイデアある？」と彼らの仕事や創意工夫に耳を傾け、「すごいね」「それ面白いよ」と肯定的に評価していきました。**顔が見えて、効率的でスピーディーにコミュニケーションを図れるZoomだから実現**できた取り組みです。

テレワーク勤務でも、社員のモチベーションアップと
成長支援はきっと実現できる

　こうしたアクションの結果、
「営業資料を極限まで短くしてみた」
「高齢者層にZoomを理解してもらいやすい例え話」
「むしろZoom営業中に子どもを映し込んだ場合のお客様への効果」

　果ては「腰を痛めずテレワークをする方法」など、Zoom営業の本数で厳密な実績評価を行っていたら、きっと考えてはくれなかったであろう、さまざまな創意工夫やアイデアを社員から耳にすることができました。こうしたアイデアのいくつかは全社員に共有し、間接的に業績に貢献しているそう。
　なにより、「上司が見ていること」「評価してくれたこと」が気分の沈みがちな自粛期間中のモチベーションアップにつながりました。やがて経済が動き出し、採用ニーズが高まると、社員のモチベーションと蓄積されたZoom営業のノウハウにより、勢いよくコロナ禍以前と同じか、それ以上の業績に回復したそう。

　また、テレワーク下のコミュニケーションや評価、教育、成長支援のあり方などのマネジメントは、今後、東京・名古屋などの支社の設立によって必要となる遠隔地の社員のマネジメントにも共通しており、次のステップの事業成長に大きく役立つとEさんは考えています。

第6章

新人教育や日々のトレーニングを
Zoomで効率化！

Zoom営業は、メンタルが まだ弱い新人の教育にも効果的

お客様と直に接する営業職は、喜びや感謝を直にもらえる一方、叱責などつらい局面でも矢面に立つ仕事です。よって、新人に対しては、強いメンタルを育てながら、メンタルを崩されない経験と知識を身につけさせてあげることが大切。Zoom営業は、そのための教育ツールとしても大きなメリットを持っています。

新人は場数を踏ませて「強さ」を育てる

営業の仕事は、性格よりもタフなメンタルが大切

営業職の適性は「性格」では一概に語れません。明るく元気な人がお客様に気に入られやすいのは確かですが、物静かであまり明るくない人も、冷静で落ちついた語り口と実直なイメージが結びつけば高く信頼されます。どんな性格でも、自分の性格を理解し、お客様に与えるイメージをコントロールできる「強かさ」を育てていくことが大切です。

そのためには「タフなメンタル」が求められますが、メンタルは一朝一夕で育つものではありません。また、昔のようにハードな状況に追い込んでも、そこで生き残れる強メンタルの新人だけを育てていくほど人材に余裕のある時代でもありません。

メンタルを補う「経験」を積ませよう

だからこそ、新人教育におけるOJTでは、メンタルの弱さを前提として、場数を踏ませてあげることが大切です。自分のメンタル面の課題に気づき、先輩のアドバイスやフィードバックを受けながらテクニックとケーススタディーを身につけて、自信をもって戦えるようにしてあげましょう。メンタルの成長につながる大きな壁への挑戦は、そのあとのプロセスです。

> **メンタル面のケアを無視して新人教育を行うと……**

- ■ 営業が怖くなってしまい、退職を考えはじめる
- ■ 苦手なお客様を避け、優しいお客様ばかりを訪問する
- ■ うまくいかない理由を人や会社のせいにしはじめる
- ■ メンタルヘルスの失調

📹 Zoom営業がOJTにちょうどいい3つのポイント

　Zoom営業は新人営業職にとって、プレッシャーを和らげつつ実践経験と自信を積み上げるのにちょうどいいツールといえます。その理由は主に以下の3つです。

1 訪問営業よりも心理的な負担が少ない

　お客様にとってZoom営業は心理的な負担が少ないことは前述の通り。逆に、営業にとってもZoomという距離感から心理的負担が少ない点がポイントです。

2 資料を見ながら営業できる

　トークスクリプトやマニュアル、営業資料、製品・サービスの情報などをPCの横に置いて見ながらお客様と話すことができます。

3 レコーディング機能によって振り返りができる

　初めのうちは頭が真っ白になってしまい、緊張で自分が何を言ったかもわからなくなりがち。でも、Zoom営業の様子を録画しておくことで、自分の発言やお客様の反応、表情まで細かく振り返ることができます。

　次のページからは、上記のメリットを踏まえ、Zoomを使った新人教育のアイデアを見ていきましょう。

レコーディング機能の活用①
振り返りとフィードバック

フィードバックとは、「部下の行動や結果など、過去を振り返り課題や改善点を指摘する」こと。その指摘が具体的であればあるほど、改善成功の確度は高まるとされています。Zoom営業の録画によるフィードバックは、具体性において理想的な指導を行うことができます。

▶ Zoom営業のレコーディングと共有の方法

Click!

❶ Zoom営業開始時に「レコーディング」をクリック
（または設定で自動レコーディングをON）

❷ Zoomが終了すると、パソコンのフォルダに自動保存
（有料プランに契約し、事前に設定した場合はZoomサーバーに保存）

❸ 動画ファイルを社内サーバーなどに移して共有
（Zoomサーバー保存の場合はそのまま共有可能）

レコーディング時の注意

■ レコーディング中は、相手にも録画されていることが表示されます。トラブル回避のため、必ず事前に承諾を得ておきましょう。

📹 レコーディングによるフィードバックのメリット

そのフィードバック、Zoom営業ならこうできる！

　リアルの訪問営業の場合、新人のスキルを確認するには、まず営業に同行し、発言や行動を観察して課題を見出し、改善点がわかるように説明を工夫してフィードバックしなければなりません。

　指導する側の負担がかなり大きく、また、フィードバックを受ける側も曖昧な記憶を思い出しながら口頭で指摘されるため、実感も納得感にも欠けてしまい、指導の効果は薄くなりがちです。

　一方、新人の営業の一部始終を録画し、上司やメンターと一緒に確認しながらフィードバックできたらどうでしょうか。「いま、君はクローズドクエスチョンで質問していたけど、ここはオープンクエスチョンで聞いたほうがお客様の情報を引き出せたんじゃない？ なぜなら……」と、シチュエーションを理解し、具体的な対策とアドバイスを伝え、課題を理解させることができます。

スマホ世代にこそ効果的な、視覚で伝えるフィードバック

　いまの若い世代は動画視聴に慣れ親しんでいます。それこそ、大学の授業や企業の研修でも、動画を使った教育が効果的として多く用いられているほど。営業のフィードバックにおいても、文字情報や口頭によるロジックだけでなく、Zoomの録画を用いて情報量の多い指導が効果的です。

　また、若い方は器用な人が多く、指摘に納得し、具体的に指示をもらえれば改善力は高い傾向があります。「その言い方はマズイ」という上司の指摘だけでは納得できなくても、動画に困惑したお客様の表情や微妙な空気感がしっかり残っていれば納得せざるを得ません。動画とともに「うまくできていたこと」は具体的に褒め、「なぜそのやり方ではいけないのか」を丁寧に説明し、「続けてほしいこと」「改善してほしいこと」を明確に伝えてあげましょう。

レコーディング機能の活用②
ハイパフォーマーから学ぶ

Zoom営業のレコーディングを活用し、売上の高いハイパフォーマーの実例を新人スタッフに共有しましょう。いま自分が感じている課題に対する答えの一例を高い情報量で伝えることができます。

🎥 目指すべきモデルを学ぶ

　自分のZoom営業の動画で課題となるフィードバックを受ける一方、ハイパフォーマーのZoom営業を見ることで課題の解決例を知ることができます。

　また、いまの自分にはない効果的なアイスブレイク、洗練されたトークスクリプト、相づちや表情による空気のつくり方、核心に迫る質問力、ヒアリングした課題を踏まえた的確な提案力、多角的なクロージングなど、その先のレベルを知ることもできます。自分で繰り返し見るだけでなく、メンターや上司が新人の課題に沿ってハイパフォーマーから学ぶべき点をフィードフォワードしてあげるとより効果的でしょう。

🎥 社内セミナー形式の指導も可能

　プロによる将棋番組の解説のように、新人たちを集めてハイパフォーマーの動画を見ながら、そのポイントを具体的に解説する社内セミナーを実施しましょう。

　この社内セミナーもZoom上で開催することで、忙しいハイパフォーマーたちが出張先や出先での空き時間を活用し、動画を共有しながら解説を行うことが可能です。さらに、そのセミナー自体もZoomで録画しておけば、貴重な教育資料として何度でも活用することができます。

レコーディング機能の活用③
社内でのロールプレイング

ロールプレイング（以下「ロープレ」）とは、社内で営業担当者役とお客様役を立てて行う商談の模擬演習のこと。新人に限らず、ベテランも定期的に行うことが望ましいトレーニングですが、Zoom営業では絶対に行うべきです。

Zoom営業のロープレが必要な理由

Zoomの特性を理解しないとストレスを与える恐れがある

　Zoom営業は、カメラとマイクを通じたコミュニケーションだからこそ、リアルの訪問営業とは異なる印象や伝わり方の違いがあります。お客様にストレスを与えないために、特性を理解して改善し、慣れておく必要があります（詳しいポイントは第7章をご覧ください）。

> ### リアルとZoomでの違いの例
> - リアルよりも声が聞き取りづらい
> - リアルよりも表情やリアクションを大きくしないと伝わらない
> - 通信環境によってタイムラグが生じる
> - カメラの角度によって与える印象が変わる

操作に慣れておかないと商談中に手間取る

　Zoomの操作方法を頭では理解していても、商談中はお客様とのコミュニケーションに意識を割いているため、操作方法がわからなくなったり、エラーが出たときに焦ったりしてしまいます。実践のなかでスムーズに操作できるよう、ロープレで慣れておきましょう。

📹 ロープレのやり方

フィードバックと改善、実践のPDCAでスキルを磨く

リアルの商談のロープレでは、以下のことを行っていることと思います。フィードバックで得られた課題に対して改善策を考え、次のロープレで実践し、PDCAを通じて営業力の改善を図ります。Zoom営業におけるロープレも、同じことをZoom上で行うだけです。

ロープレの進め方

- 「営業担当者役」と「お客様役」を決める
- お客様役のペルソナ（業種・役職・年齢・ニーズなど）を決める
- 商談をひと通り、または一部を切り取って模擬演習を実施
- お客様役や見学者からフィードバックをしてもらう

商談のプロセスを標準化しておく

右の図は、一般的なBtoBの営業における商談のプロセスです。

ロープレで実演する商談の流れは、BtoBやBtoC、インバウンドとアウトバウンドの想定、扱う商材やサービスによって異なります。自分たちの営業活動における商談の標準的なプロセスを取り決めておきましょう。

全部、または課題とする一部を抜き出してロープレでトレーニングします。

挨拶（アイスブレイク）
↓
ヒアリング
↓
課題の確認
↓
解決策の提示
↓
商品の紹介
↓
ディスカッション
↓
次回のステップの確認

📹 レコーディング機能によるロープレのメリット

　ロープレでは、上司をはじめとするフィードバックを行う各参加者は必ずしもリアルタイムで同席する必要はありません。レコーディング機能を使えるZoom営業のロープレならではのメリットを考えてみましょう。

上司が忙しくてもフィードバックができる

　Zoomロープレのメリットは「録画しておける」ことです。そのため、多忙な上司やメンターがロープレの場に必ずしもリアルタイムで同席している必要はありません。

　あとで空いた時間に録画データを確認し、フィードバックを行うことが可能です。

ロープレを習慣化させやすい

　リアルのロープレでは、新人からベテランまで定期的なトレーニングとして習慣化させるため、「毎週水曜の朝9時」など日時を決めて一斉に取り組むことが多いと思います。しかし実態は、商談や出張などが重なり、なかなか全員がそろうことはありません。

　Zoom営業のロープレでは、出張先でも自宅でも、時間があるなら参加することができます。また、開催時間に商談や打ち合わせがあっても、空いた時間を「お客様役」とすり合わせてロープレを行い、録画データを共有すれば全員でチェックすることができます。

組織全体の営業スキルを確認できる

　社内の各営業部門でロープレを実施し、録画データを収集・保管しておけば、役員をはじめ上位の役職者や人事部も自社の営業職のレベルを把握することができます。

レコーディング機能の活用④
セールスコンテストの開催

リアルの営業でも実施されるセールスコンテストを、Zoom営業でも実施しましょう。Zoom営業を一部の営業担当者しか実施していない企業では、Zoom営業を体験させるいいきっかけになります。

🎥 Zoom営業コンテストの目的と効果

　営業職のセールスコンテストは、組織のモチベーションを高め、営業力を底上げするために有効な施策です。ぜひZoom営業でも実施しましょう。Zoom営業の習熟度を高めるほか、Zoom営業が全社的に浸透していない企業では有意性に気づかせるチャンスになるはずです。

🎥 Zoom営業コンテストのやり方

期間内の業績を競う場合

　多くの場合、セールスコンテストは明確な数値としてあらわれる一定期間内の業績で競いますので、Zoom営業による1週間〜1カ月での売上や受注件数によって競うケースが考えられます。

　あるいは、Zoom営業の促進キャンペーンとして、テレアポからZoom営業のアポイントを獲得した件数で競うなど、現在の課題に合ったコンテストの方法を考えてみましょう。その場合、録画データの件数でカウントでき、集計も容易です。

ロープレコンテストの開催

　Zoom営業のロープレをそのままコンテスト化することもできます。評価基準を定めて評価シートを作成し、録画データをもとに複数の上位者が審査をする形式が考えられます。

第 7 章

テレアポで新規顧客を
Zoom営業に持ち込むための
実践ノウハウ

Zoomで商談を行うまでの新規営業のプロセス

新規営業において、商品・サービスに関心を持って問い合わせてきたお客様であれば、Zoomでの商談に持ち込むことは難しくないでしょう。問題は、興味のないお客様をいかにZoomに誘うかです。この章では、テレアポからZoom営業に持ち込むノウハウをご紹介します。

新規営業におけるお客様との接点

インバウンド営業

リアル	WEB
展示会・セミナー	WEBサイト ランディングページ
紹介	WEB広告
名刺交換	オンラインセミナー
DM・チラシ	DLコンテンツ （ノウハウ集など）
広告・記事掲載	

> 商品・サービスに興味があり
> Zoom営業に誘いやすい

アウトバウンド営業

リアル
テレアポ
飛び込み営業※

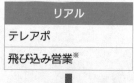

> 興味ゼロの状態から
> Zoom営業に
> 持ち込む必要がある

※飛び込み営業ではZoomの活用機会は通常ありません。

インバウンド営業におけるZoomのメリット

　WEB広告やDMからのお問い合わせや、展示会やセミナーにご来訪いただくお客様に対してアプローチを行う「インバウンド営業」では、すでにお客様は商品・サービスに関心を持っています。

こうしたお客様もタイミングや温度感を誤って訪問営業を打診すれば、「いや、そこまでではなかったので……」と引いてしまう場合があります。そのため、Zoomによるご説明を打診することは、心理的な負担をかけずに商品・サービスへの関心を高め、具体的な商談に持ち込める良い営業手段となるでしょう。

📹 アウトバウンド営業（テレアポ）におけるZoomのメリット

一方、営業職にとって腕の見せ所となるのがアウトバウンド営業です。主にテレアポや飛び込み営業など、製品・サービスへのお客様の関心の有無に関係なく、営業担当者からお客様にアプローチを掛けていく営業活動を指します。

お客様は、商品・サービスを知らない、関心がない状態です。その不利な状況から、まず話だけでも聞いてもらうための基本戦術として「10分で結構です」「これだけお話させてください」といった、心理的なハードルを下げるための限定条件を先に伝えると思います。

テレアポにおけるZoomへの誘導は、いわば話を聞いてもらうための限定条件として活用できます。Zoomでの説明を案内することで、お客様は「（少し興味もあるし）訪問されるよりはいいか」と心理的ハードルの低さを感じ、話を聞いてもらうことができます。さらに「興味がなければ途中で『退出』を押せば終わります」と、こちらから積極的にハードルを下げることも可能です。

📹 テレアポからZoomに誘導するには
　具体的な「トークスクリプト」が必要です

テレアポでは、電話を切らせず話を聞いてもらうための「トークスクリプト」を組み上げ、淀みなく自信をもってお客様に語る必要があります。次のページでは架電からZoomへの誘導に至る、Zoom営業におけるトークスクリプトについて考えてみましょう。

テレアポにおけるZoom営業のトークスクリプトを大公開！

ここでは、新規営業におけるテレアポからZoom営業までの弊社のトークスクリプトを公開します。もちろん、みなさまがそのまま使えるわけではありませんが、ひとつのモデルとして参考にしてください。

🎥 トークスクリプトとは？

Talk Script

　トークスクリプトとは「話の台本」の意味です。演劇に台本があるように、営業トークにも台本があります。アドリブで演劇が成立するのは天才とベテランであって、普通は緊張して破綻したり、できたつもりになったりするだけです。営業でもそれは同じことがいえます。

　特に企業に対するテレアポでは、電話を切りたいお客様との心理的な駆け引きをスピーディーに行い、以下のプロセスを進んでいく必要があります。そのためには、洗練されたトークスプリクトが欠かせません。

架電 ▶ 受付 ▶ キーマン ▶ 趣旨説明 ▶ Zoomアポ獲得

📹 トークスクリプトのメリット

　新人はもちろんのこと、ベテランにとってもトークスクリプトには次のようなメリットがあります。

メリット1：自信をもって営業ができる
　自信のない営業担当者がテレアポでお客様を口説けることはほぼありません。自信が伝わって初めてお客様は「本当に有益な情報なのかも」と感じ、話を聞いてくれるからです。
　トークスクリプトを頭に入れておけば、話す内容は決まっているので不安がなくなり、感情表現に意識を傾けることができます。特にトークに不安を感じている新人にとっては必要不可欠なツールです。

メリット2：PDCAで営業トークを改善できる
　テレアポをアドリブの営業トークで行っていたら、うまくいっても成功要因がわかりません。反省点も同様です。
　まず、うまくいった営業トークの録音や、営業担当者の経験をもとに戦略的なトークスクリプトを書き出します。全員がそのトークスクリプトに沿って話すことで、「このロジックはほとんど通用しない」「こうしたらうまくいった」という経験を集め、PDCAによって改善を図ることできます。

📹 弊社のトークスクリプトを公開します

　これからテレアポを含む新規営業の手段としてZoom営業に乗り出すみなさまは、まず「Zoom営業に至るためのトークスクリプト」を作成しなくてはなりません。
　そこで、その一例として弊社のトークスクリプトを公開します。ぜひ参考になる点を見つけ出してください。

ZOOMで最強の採用支援をしっかり提案するトークスクリプト

①電話でのZOOMアポ獲得編（採用戦略=採用戦略研究所、企業=提案先企業、経営者=提案先企業の経営者）

②ZOOMアポ準備編

③ZOOM営業本番編（採用戦略=採用戦略研究所、企業=提案先企業、経営者=提案先企業の経営者）

※採用戦略研究所の実際の資料です

　弊社、採用戦略研究所は、中小企業の人材採用をサポートする大阪の企業です。費用対効果の悪い求人を行いがちな中小企業に対し、価格を抑えて効果を出す求人広告のプランニングを行っています。

　弊社の営業部もテレアポによる新規開拓を行っていますが、その際に使用するのが上記のトークスクリプトです。ヒアリング内容のチェックシートも兼ねた「コンプリートシート」と呼んでいます。

　ただし、みなさまとは業種や商品・サービスが異なるほか、関西と他地域ではお客様のノリも異なるはずです。あくまでテレアポからZoom営業に至るトークスクリプトの参考とし、みなさまの業種・客層に最適なトークスプリクトの作成にお役立てください。

📹 ゲートキーパー（受付）を突破するトークスクリプト

Zoom営業に限ったことではありませんが、企業に対するテレアポはゲートキーパー（受付や事務スタッフによる初期応対）を突破するトークスクリプトを磨かなくては成立しません。

ダラダラと話さずにスッキリと企業のメリットを伝え、「有益な情報かも」「でも、自分には判断できない」と思わせることが肝心です。このポイントについては、さまざまなサイトや書籍にノウハウがあるので、ぜひ勉強してみてください。

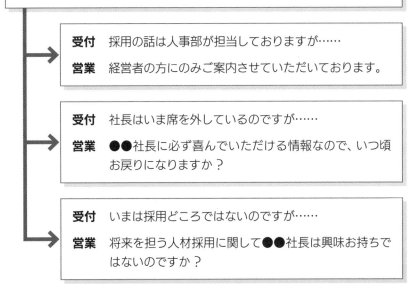

営業	こんにちは、株式会社採用戦略研究所の木村です。●●社長はお手すきでしょうか？
受付	どういったご用件でしょうか？
営業	●●社長に「採用費の削減ノウハウ」や「求人広告を使わないで人が採れている事例」をご案内させていただきたく、ご連絡をさせていただきました。

受付	採用の話は人事部が担当しておりますが……
営業	経営者の方にのみご案内させていただいております。

受付	社長はいま席を外しているのですが……
営業	●●社長に必ず喜んでいただける情報なので、いつ頃お戻りになりますか？

受付	いまは採用どころではないのですが……
営業	将来を担う人材採用に関して●●社長は興味お持ちではないのですか？

📹 経営者につながってからのトークスリプト

　経営者に取り次いでもらえた前提で、次のトークスクリプトに移行します。まずは、関心を引くようにテレアポの趣旨を伝え、さらにハードルを下げるための「Zoomで30分だけ」といった限定条件を伝えます。

社長	はい、●●です。
営業	こんにちは、株式会社採用戦略研究所の木村です。いま、withコロナ・afterコロナの中でいますぐは人材が必要ではないかと思いますが、3〜5年後に●●社長が頭に思い描いている経営計画を実現するために必要な人材を、いまから「できるだけお金をかけないで集める！」ための方法や事例にご興味はありませんか？30分間、Zoomでご案内させていただくお時間をください！

好感触！

社長	え？ どういうこと、もう少し詳しく教えて！？
営業	ありがとうございます。私たちは●●な実績を持つ、□□な会社です。30分のお時間をいただければ、Zoomでスグにお役に立てるノウハウや事例をご案内させていただきます。ちなみに、いまからでも私どもは構いませんが…、（少し間を取り、希望日時をこちらか案内する）明日の午前中はいかがですか？
社長	大丈夫ですよ。
営業	では、10時からお願いします。Zoomのご招待をさせていただくので、メールアドレスを教えていただけませんか？

Zoomの招待へ

社長	いまは忙しい。
営業	ありがとうございます。そうですよね！ 突然のお電話失礼しました。 前向きな経営者の方には、みなさんに喜んでいただいているご提案なので、よろしければメールで資料お届けさせていただきたいのですが、メールアドレスを教えていただけませんか？ そのなかに、動画でも少し事例などを見ていただけるようにしておきます。
社長	メールくらいなら！
営業	ありがとうございます。

否定的反応

社長とのパイプを
確保するのみで収める

　ここでの大きな目的は「Zoomによる商談のアポイントメント獲得」ですが、感触が良くない場合は「社長直通の連絡先の獲得」を次善の目的とし、次につなげることも大切です。

　また、メールアドレスを聞く際は、面倒に感じさせると気が変わってしまいます。一般的に、社長を含む社員のドメイン（メールアドレスの@より以下）は企業WEBサイトの「お問合せメール（info@XXX.com）」などと同じなので確認しておきましょう。ドメインが同じなのであれば、あとは「@より前」を聞くだけで済みます。

📹 Zoomに招待するメール文面

　Zoomのアポイントメントが取れたら、さっそくZoomの「スケジュール」からミーティングを予約しましょう。

- ■「スケジュール」によるミーティング設定………62ページ参照
- ■招待に必要なミーティングIDの確認方法………64ページ参照

　招待メールでは、招待URL、ミーティングID、パスワードを送りますが、ここでは相手をわずらわせないよう招待URLだけを送ります。URLをコピーして、右記のようにメール文面に落とし込みます。
　以下に、メール文面のポイントをまとめました。

❶ 時間に関する約束

　電話で30分と約束したなら、メールでも必ず30分の予定である旨を書き添えておきましょう。ここで何も書かないと、「結局はズルズル長引くのでは……」という不安を与えてしまいます。

❷ 途中離脱が可能なことを伝える

　「興味がなければ退出して構わない」旨を書くことで、さらにハードルを下げつつ、提案への自信を伝えることができます。

❸ 相手に手間がかからない招待URLのみを記載

　わからない場合のサポートの約束もしましょう。

❹ 自分のプロフィールを簡単に伝える

　どんな人間かが少しでもわかると、話のタネにすることもでき、興味や安心感が生まれます。

●●社長

先程は突然のお電話失礼しました。
株式会社採用戦略研究所の木村です。
Zoomにてお会いできること楽しみにしております。

以下、詳細になります。

【日時】
11月5日（木）　午前10時から

❶ ※午前10時から30分のお時間をお願いします。**❷** まったく興味のない
　内容の場合は途中で遮っていただいて構いません！
　そうならないように全力でスグにお役にたてる内容をご用意させ
　ていただいております！！

※お時間になってもつながりにくい場合は、こちらより改めて●●社
　長にお電話をさせていただきます！

❸
ZoomのURL▶
https://us04web.zoom.us/j/00000000000・・・

※時間になりましたら、上記のURLをクリックしてください。
※やり方などがわからない場合は私までお電話をください。
　（090-0000-0000）

【当社説明】
・採用支援企業数●●社！
・大阪府の「Boooming！」2年連続採択企業
・Indeed公式シルバーパートナー
　会社のサイト：https://rs-lab.jp

❹
【私、木村のプロフィール】
・学生時代はサッカーをずっとしておりました。
　セレッソ大阪の下部チームに所属していました。
・いまは採用支援をさせていただいておりますが、
　前職はベンツの整備士をしていました。機械いじりが大好きです！

以上、よろしくお願いします。

📹 Zoom開始後のトークスクリプト

　続いて、Zoomによる商談で話す内容もトークスクリプトで決めておきましょう。弊社の「Zoomコンプリートシート」では、トークスクリプトに加えて、ヒアリング内容のチェックシートもまとめて記載しています。

営業　はじめまして！　株式会社採用戦略研究所の木村です。
　　　　音声など聞こえていますか？

　　　　（社長のマイクがOFFの場合、ホスト権限でONに変更）
　　　　Zoomを通してのコミュニケーションですので、お互いマイクで
　　　　話せるようにさせていただきます。

　　　　社長は、これまでZoomでのご提案を受けられたことはありますか？

社長　いや、はじめてです。

営業　そうでしたか！　意外と悪くないものだと思いますので、いまから私のご案内を聞いていただいて、Zoomでこのように提案されるのも悪くないな、ということでしたら、またいろいろノウハウをご案内させていただきますね！

社長　最近、こういうの増えてきたね。（経験あり）

営業　そうでしたか！　●●社長のところでもこのようなZoom活用はされていますか？意外と便利なものだな、と思います。もし、今後はこのようなZoomでの自社サービスのご案内にご興味がございましたら、それはそれでノウハウがあるのでまたおっしゃってくださいね。

> **営業** さて今回は、withコロナ・afterコロナのなかで、いますぐは人材が必要ではないかと思いますが、3〜5年後に●●社長が頭に思い描いている経営計画を実現するために必要な人材を「いまからできるだけお金をかけないで集める！」ための方法や事例をご案内させていただきます。よろしくお願いします。
>
> Ｚｏｏｍにはレコーディング（録画）の機能がございます。パソコンで見ていただいているのであれば、●●社長側でも録画できるように設定していますのでご利用ください。
>
> ちなみに採用というと、いま必要な人材を採用する「顕在ニーズ」と、いまは必要ないけど「こんな人いたらいいのにな」「将来はこんな人が必要だな」という「潜在ニーズ」があると思うのですが、●●社長のところではどんな状況ですか？

社長へのヒアリングをシート記載の項目に沿って行う

【顕在ニーズ】

雇用形態	□正規社員　□非正規社員　□その他（　　　　　）
募集職種	□営業　□管理部門　□製造　□技術　□店舗スタッフ □SV　□介護系　□保育　□医療系　□ドライバー □その他（　　　　　　　）
年間広告費	（　　　　　）万円
媒体	□マイナビ転職　□リクナビNext　□doda □エン転職　□@type　□はたらいく □その他（　　　　　　）
納期	（　　　　）までに欲しい
採用背景	□欠員　□増員 理由（　　　　　　　　　　　　）

【潜在ニーズ】

3〜5年後を考えるとどんな人材がいたらいいなと思いますか？
（　　　　　　　　　　　　　　　　　　　　　　　　　　　　）

いまの事業以外にやるとしたらどんな事業をやりたいですか？
（　　　　　　　　　　　　　　　　　　　　　　　　　　　　）

どんな応募者がいたら会ってみたいと思いますか？
（　　　　　　　　　　　　　　　　　　　　　　　　　　　　）

営業	ありがとうございます。求人、つまり人ありきで考えると、やってみたい事業が具体的や明確になることもあるようです！
	では、ここからは画面共有を使って、少しパワポで説明をさせていただきます。

パワーポイントによるサービスの説明

Zoomの画面共有機能を使い、パワーポイントによるスライド、または動画再生によってサービスの説明を行う。

営業	このようなご案内になります。いかがですか？ 正直、価格は安くて、得られる情報は大きいのではないかな、と思います。お求めになられませんか？ さらにご興味がございましたら、しっかりとご訪問のうえ、より詳しくご説明させていただきます。

社長	**いますぐ購入！**
	▶申込URLをZoomのチャットで送り、申し込みをサポート

社長	**さらに興味**
	▶直接訪問のアポ日時を確定

社長	**いまは検討**
営業	1カ月後くらいにまた最新事例のご案内をさせていただきますね！　ありがとうございます。引き続き、ぜひこのご縁を大切にさせてください。またお会いできることを楽しみにしています。

みなさま業種・ターゲット・目的・やり方にあったトークスクリプトをつくりましょう！

いかがでしたか？ いまご紹介したトークスクリプトや「招待メールの文面」「ヒアリングのチェックシート」のほか、さらに最終的な「商談結果の報告」までを弊社ではA3用紙1枚にまとめ「Zoomコンプリートシート」として作成しています。

そのため、トークスクリプトの選択肢は最小限に絞っています。本来トークスリプトのボリュームはもっと大きいものでしょう。

実は、弊社の「Zoomコンプリートシート」は、1枚にまとめることで「新人でもシートを見ながらアプローチができる」点に特化して制作しています。訪問営業と異なり、Zoomでは多少チラチラとカンニングをしてもお客様にはわからないメリットを活かし、新人の戦力化のためにこの業務ツールを独自につくりました。

Zoom営業は新しい営業手法だからこそ、ツールにも新しい工夫の余地があり、アイデア次第でさらにZoomの効果を高めることができるはずです。

※採用戦略研究所の実際の資料です

Zoom営業に最適な プレゼン資料の3つのポイント

続いて、先ほどZoom営業のトークスクリプト内でも出てきた、パワーポイントによるプレゼンテーション資料に関するアイデアをお伝えします。3つのポイントを押さえ、お客様の感情を動かしましょう。

🎥 Zoom営業だからこそ、心を動かすプレゼン資料が大事！

3つのポイント
①情報整理
②お客様視点
③構成

　営業において、担当者の人間性や雰囲気がお客様の意思決定を後押しすることは、よくあることです。極端な話、「商品はたいしたことないけど、あなたが気に入ったから買うわ」ということもあります。

　一方、Zoom営業では、訪問営業のようにお互いの顔が見え、所作やジェスチャーも伝わりますが、それでもリアルの営業に比べれば視覚的な情報量は少なくなります。音声もスピーカー越しです。その結果、営業担当者の「雰囲気」や「勢い」といった、肌感覚の情報も伝わりにくいのです。つまり、「人となり」でお客様の感情を動かすのは少々難しいということです。

　だからこそ、Zoom営業では商品・サービスのプレゼンテーションでお客様の感情を動かすことが重要です。営業担当者によるコミュニケーションだけでなく、パワーポイントによるスライドを使ったプレゼンテーションの工夫を考えていきましょう。

📹 こんな資料では、お客様の心は動かない

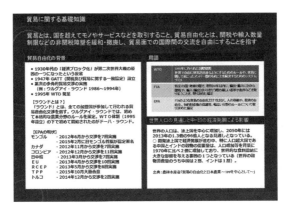

文字ばかりの資料をそのまま見せていませんか？

　営業におけるプレゼン資料において、もっともありがちな悪い例は、上記のように「文字ばかり」でパッと見て情報が入ってこないスライド資料です。

　例えば、これが調査情報であり、お客様に提供する資料なのであれば、緻密なロジックと具体的な情報が織り込まれ、「読み応えのある資料」として評価されるかもしれません。しかし、少なくとも、その場で意思決定を促すプレゼン向けの資料とはなり得ないでしょう。

社内資料の延長にならないように注意

　私たちが販売する製品・サービスの情報は、まず社内資料が作成されるはずです。社内資料は、目的（＝その商品を売ること）を共有する相手（＝社員）に対して配布されるため、読みやすさは意識しません。当然、積極的に読んでくれるものとして、具体的で詳しい情報を詰め込み、その商品がいかに優れているかをアピールします。

　しかし、私たちがプレゼンするお客様は、目的を共有する相手ではありません。面倒なものは見ないのです。よって、社内資料の情報量をそのままにプレゼン資料をつくっても、最適なものになりません。

■ ポイント① 情報を整理し、わかりやすい言葉に！

　お客様の心を動かすには、「パッと見て情報が入ってくる」スライドにすることが大切です。そこで、いま使っているプレゼン資料を客観的に見て「わかりにくい説明」がないか探してみましょう。

　例えば、情報量が多いわりに、いまいち頭に入ってこない説明の代表例は「事業概要」です。

わからない事業概要の例

> 当社のECソリューションでは、情緒的な発想による課題解決のみならず、WEB領域を超え、カスタマージャーニーにおける多様な顧客接点であなたに最適なコミュニケーションを設計します。

　上記のように専門用語や抽象的な言葉が並ぶことで、一般の人には読み取れない説明となります。まずは抽象的な言葉を具体的にし、専門用語をなるべく使わないようにして書き換えてみましょう。

　そこからさらに、パッと見てすぐ事業やサービスがわかるよう、リズム感を意識しながら言葉をスリム化していきます。

読めばわかる事業概要の例

> 当社では小売業をターゲットに、お客様視点でお買い物がしやすい通販サイトを提案します。また、店頭やイベントなど、消費者の生活のあらゆる場面でサイトの認知向上につながるプロモーションを企画・提案します。

パッと見てわかる事業概要の例

> 買いやすい！ だから売れる！　そんな通販サイトを、制作から宣伝まで一手に任せられる会社です。

📹 ポイント② 大切なことは「お客様視点」

　また、営業におけるプレゼン資料では、終始一貫して「お客様がどう感じるか？」を意識してアピールする情報をつくり変えていくことが大切です。

　例えば、「求人採用ページのキャッチコピーを自動生成するシステム」があるとします。そのアピールの文言も、売り手視点とお客様視点では、表現は大きく変わります。

売り手視点

> ビッグデータを分析し、AIが求職者のニーズと貴社の業界特性に沿ったキャッチコピーを自動生成します！

お客様視点

> 求職者のニーズを調べ上げ、自社の方針を踏まえて最適なキャッチコピーを考える手間から解放されます！

　どうですか？　売り手視点は「システムがすごい」ことはわかりますが、それがお客様にどんなメリットがあるのかはわかりません。一方、お客様視点では、お客様にとってのメリットだけを語っています。

　少ない時間で限られたメッセージを伝えるのなら、お客様視点のメッセージのほうが「これは私に必要なモノだ！」と感じさせ、心を動かします。つまり、興味と感心を引くのです。

　プレゼン資料の作成に当たっては、商品・サービスの情報をお客様視点のメリットに置き換え、かつ見やすく、印象的に伝えていくことが求められます。

■ ポイント③ 構成でお客様の感情を動かそう

ここまでで、あなたの販売する商品・サービスを

■ **わかりやすい言葉で、パッと見て伝わるように**
■ **お客様視点の言葉で表現する**

というふたつのポイントをご紹介しました。最後に3つめのポイントとして「お客様の感情を動かす構成」についてお伝えします。

テレビショッピングを思い浮かべてみましょう

お客様の感情を動かすプレゼンテーションの例として、健康食品などのテレビショッピングを思い出してください。テレビショッピングは、お客様にチャンネルを変えさせずに引き込み、購買まで持っていくために洗練された構成がなされています。

この構成は、私たちがつくるべきパワーポイント資料にも適用することができます。

構成例	テレビショッピングのフレーズの例
①悩みや課題	50代からの睡眠不足にお悩みではありませんか？
②共感	眠る時間はあるのに眠れない。 日中も眠くて仕方がない……イヤですよね
③原因	原因のひとつは必須アミノ酸『トリプトファン』の不足。 実は夜の誘眠ホルモンにとって重要なのです
④解決策	そんなあなたに、〇〇製薬の『トリプドカン』。 トリプトファンを効率よく摂取し、睡眠の質を改善！
⑤効果	被験者50人のうち90%が『睡眠の改善』を実感！
⑥クロージング	この番組終了後、1時間は50%OFF！

①悩みや課題／②共感

先のテレビショッピングの例では、きっと最初の①と②で、頭を抱える人の暗いモノクロ画像などを使い、「不眠」「うつ」「生産性低下」など重い言葉も並べて悩みに共感する視聴者をグッと引き寄せるでしょう。いわば、「つかみ」です。

私たち営業のプレゼン資料でも、まず印象的な画像を大きく使い、お客様の悩みや課題を明らかにしましょう。さらに「そんな課題や悩みを残していると、どうなってしまうのか」を表し、お客様の不安に対して共感をしていきます。そうすることで、お客様に「自分にとって重要なプレゼンだ」と感じてもらうことができます。

③原因

①の課題や悩みが生じている原因をロジカルに説明しましょう。お客様も十分ご存知の内容であれば、的確な考察が信頼感につながります。また、お客様も知らなかった事実であれば、驚きとともに関心を深めることになります。

④解決策

③の原因に対して、その解決策となる商品・サービスを紹介します。なぜその商品が原因を取り除き、悩みや課題の解決につながるのかをシンプルかつロジカルに、納得できるように説明しましょう。

また、お客様視点を踏まえ、けっしてプロダクトアウト視点（製造側視点）のアピールに終始しないよう注意が必要です。

お客様の
感情

共感

信頼

納得

⑤効果

効果を示すには、具体的な改善事例などのデータで示すのがいいでしょう。また、ユーザーの事例紹介や声も効果の裏付けとなります。

⑥クロージング

⑤の「効果」までで商品・サービスが課題解決につながるロジックは説明済みです。あとは、お客様が決断するかどうかです。

クロージングの一例として、「選択をさせる」方法があります。ふたつ以上のプランをご用意することで、「買うか買わないか」ではなく「どちらを買うか」に意識を誘導します。

プレゼン資料でも、両プランの違いを明確にし、どちらにするか悩むように仕掛けていきましょう。

プレゼン資料のノウハウは多種多様です

パワーポイントによるプレゼン資料のノウハウは、それだけで書籍が一冊かけるほど深く、多種多様です。多くの書籍が出ていますので、ぜひお好みの書籍を手に取って学んでみてください。みなさまの自社製品・サービスにあう魅力的なプレゼンテーションの実現を応援しています！

第8章

Zoom時代も変わらない
営業にとって大切なマインド

印象を「伝える」意識で
Zoom営業に臨みましょう

人の印象には、表情やジェスチャーなどの視覚情報、声のトーンなどの聴覚情報が大きく影響しています。こうした「非言語コミュニケーション」が伝わりづらいZoomの特性を踏まえ、より明確な表現で非言語コミュニケーションを伝えていきましょう。

🎥 Zoomにおける「印象」の制約を理解しよう

前章のおさらい

第7章で「Zoomでは人間力が通用しづらい」とお伝えしました。新人であれば「可愛げ」や「初々しさ」、ベテランであれば「にじみ出る安心感」、そのほか「悪い人ではなさそう」「小気味よい」「情熱的」といった営業担当者の内面的な魅力や印象が、リアルの対面と比べるとお客様に伝わりづらいのです。

その理由は、表情や仕草など、非言語コミュニケーションと呼ばれる言葉以外の情報が見えにくいためです。そのため、印象や雰囲気よりも、ロジカルで伝わりやすい言葉や資料によって商品・サービスの必要性を伝え、お客様の情動をかき立てる資料の重要性を第7章でお伝えしました。

Zoom営業では「印象」に対して意識的に取り組もう

表情や仕草が伝わりにくいといっても、「まったく伝わらない」わけではありません。むしろ、人間は本能的にネガティブなことには敏感なため、「無表情」「不機嫌」といった悪い非言語コミュニケーションはスムーズに伝わってしまいます。

では、好印象が伝わりづらいのなら、よりはっきりと気持ちや態度を表現すればいいのです。それが第8章のテーマです。

📹 印象を決めるのは、目と耳からの情報？

ご存知の方は「またか……」と思うかもしれません。そうです、印象に関する学説「メラビアンの法則」です。営業職のセミナーなどでは必ずといっていいほど登場する法則ですね。

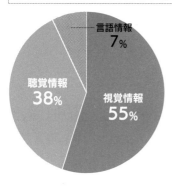

メラビアンの法則

言語情報
7%

聴覚情報
38%

視覚情報
55%

人の印象を決める要素は
視覚情報　55%
（表情・髪型・ジェスチャー・服装など）

聴覚情報　38%
（声量・声のスピード・トーンなど）

言語情報　7%
（話の内容）

人は相手の印象を判断する際、見た目や表情などの「視覚情報」をもっとも重視し、次いで声や口調などの「聴覚情報」、最後に会話の内容「言語情報」を考慮するといわれています。

ただし、メラビアンの法則は「見た目の印象が悪いと提案が良くても売れない」などと、そんなことをいうためのデータではありません。この数値は、例えば「『怒ってないよ』といいながら、声のトーンは低く、不機嫌な顔をしているとき」のような、言葉と態度が矛盾しているときに限定した状況での人の判断を調査したものです。

これをZoomに立ち戻って考えると、表情や態度が見えづらいのであれば「お会いできて嬉しいです」というときは、リアル以上の笑顔と弾む声で気持ちを表現したほうが信じてもらえるということです。

また、この数値どおりではないにしても、人の印象には言葉以上に表情や態度、声の温度などの間隔的な情報が影響していることを理解しておきましょう。

📹 印象のポイント①　見た目で伝わる印象

服装や髪型を整える

　訪問営業と同様に、Zoomでも服装や髪型など当然の身だしなみに注意しましょう。服装はオフィスからであればスーツで問題ありませんが、テレワーク勤務で自宅からZoomをする場合、スーツやネクタイでは違和感があり、かといってラフな格好では敬意を感じられません。

　自宅であっても、ドレスシャツにスラックスなど仕事のための服装をし、髪型を整えることが妥当でしょう。

Zoomでは伏し目がちになる目線に注意！

　「相手の目を見て話す」ことは当然のマナーですが、Zoomではパソコン画面のお客様を見ていると、相手には目を伏せた状態で映る場合があります。

　デスクにノートパソコンを置いた場合、胸の高さに画面があるはずです。その場合、目線を下げた状態で画面を見るため、画面の上部についたカメラから、目線を下げているあなたが映し出されます。

意外と重要！　目線の合わせ方

■ **話すときは目線をカメラに向ける**
こちらから話すときは、目線を画面の上のカメラに向けましょう。目線は下がり気味ですが、相手には自分を見ているように見えます。

■ **パソコンの位置を高くする**
デスクの上に台を置き、その上にパソコンを置いて高さを合わせましょう。ただし、キーボードは少し打ちにくくなります。

■ **外部カメラを購入し、高い位置に取り付ける**
操作性も見え方もこだわるなら、外部カメラを取り付けましょう。

表情やうなずきはハッキリと!

　テレビの情報番組で飲食店のグルメを紹介しているとき、画面の隅のワイプ（小窓）ではタレントがオーバーな表情とリアクションで「おいしそう！」「びっくり！」といった感情を伝えていますよね。顔しか映らないからこそ、感情を伝わりやすく表現しています。

　同じようにZoomの会話でも、リアルでは少し大げさに思われるぐらいの表情やリアクションを心掛けましょう。

　笑顔は微笑みよりも、しっかり口角を上げたスマイルに。また、真剣に話を聞く表情も、動きがないと無表情に見えるので、あいづちの首の動きや表情の動きをつけて「聴いている」ことを伝えましょう。

　驚きも「えー！　そうなんですか！」と表情と体全体の動きで表現するとお客様は安心を感じ、会話のテンションが高まります。

伝わる笑顔のポイント
- 上の歯を見せる
- 口角を上げる
- 目を細めて目尻を下げる

顔映りにも気を配りましょう

　Zoomでの顔映りも、お客様の印象に大きく関わります。暗くて顔が見えづらければ、ライトを置いて表情が見えるようにするなど照明の工夫をしましょう。

　また、肌の質感や背景を調整する機能がZoomにはあります。79ページでご紹介していますので、再度ご覧ください。

📹 印象のポイント②　声や音声で伝わる印象

声量のコントロール

　訪問営業や電話でも同じことが言えますが、小さくて聞き取りづらい声は相手に大きなストレスを与えます。その結果、「声が小さい人」ではなく「イライラさせる人」として印象づいてしまいます。

　また、語尾がハッキリしない人も同様の印象を与えます。マイクの向こうに声を届けることを意識して、声量のコントロールと語尾まできっちり発声する話し方を身につけましょう。

クリアに聞こえる声を意識

　Zoomは通信環境さえよければ音質はクリアですが、リアルの会話とは聞こえ方が変わります。また、使うマイクによっても音質や拾いやすい声の高さは変化します。そのため、Zoom営業をはじめる前に、ロールプレイングや知人との会話でZoomを使って録画し、自分の声を確認しておきましょう。聞き取りやすく印象のいい声の高さ、抑揚のつけ方、活舌をチェックしておきましょう。

マシンガントークは厳禁！ タイムラグを意識しよう

　Zoomではお互いの通信環境によって音声や画像に若干のタイムラグが生じます。そのため、お客様のレスポンスがないと思って話を続けたら、遅れて入ってきたお客様の話を遮ってしまった、というケースが頻繁に起こります。

　「こちらの声が届く時間」「相手の声が届く時間」、ふたつのタイムラグの可能性を念頭に置いて快適な会話を行うには、話と話のあいだに「間」を設けることが重要です。そして、その「間」を違和感なく挟み込むには、基本的な会話のスピードも落とす必要があります。おだやかな空気をつくるつもりで、丁寧に、ゆっくりと話すことを心掛けましょう。

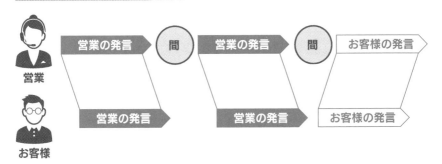

発言が聞こえるまでのタイムラグに注意

営業

営業の発言 → 間 → 営業の発言 → 間 → お客様の発言

お客様

営業の発言 → 営業の発言 → お客様の発言

🎥 雑音ストレスに注意

下記の音は、過剰に聞こえるとお客様にストレスを感じさせます。

- 「えー」「あのー」などの話の間を埋めようとする声
- タイピングのカチャカチャ音
- オフィスや外などの周囲の声

また、営業同行で同僚や上司もミーティングに参加する場合は注意が必要です。Zoomでは、2台以上のデバイス（パソコンやスマートフォン）が同じ空間内で近接して同じミーティングルームに接続すると、ハウリングして「キーン」と耳をふさぎたくなるほどの不快な高音が鳴り響く場合があります。近接する2台のうち1台をミュートにすればハウリングは止まります。

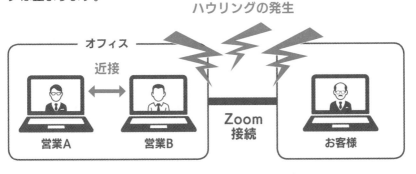

ハウリングの発生

オフィス

近接

営業A　営業B

Zoom接続

お客様

Zoomでお客様に安心と信頼を感じていただくためのポイント

Zoomで非言語コミュニケーションが読み取りづらいということは、印象だけの問題ではありません。営業担当者にとっても、お客様の考えや心情がわかりづらいのです。そのため、リアル以上にお客様との「相互理解」を図ることが重要です。

🎥 質問による「相互理解」を重視しよう

リアル＝相手の心情がわかる

画面越し＝心情がわかりづらい

非言語コミュニケーションが通じないことで起こる問題

　訪問営業では、お客様の顔を見れば「理解しているな」「話についてこれていないな」ということが、なんとなくわかると思います。しかし、Zoomの画面越しでは、表情の機微を読み取ることが困難です。

　また、Zoomに慣れていないお客様は、聞きたいことがあっても話すタイミングを逸していたり、少し緊張していてうまく会話ができなかったりもします。その焦りや困り顔が営業担当者から見えづらいのです。

　そのため、実は営業の説明を理解しきれていない可能性や、逆に営業がお客様の発言の真意を汲み取れないまま話を進めてしまうリスクがあります。非言語コミュニケーションが通用しないということは、会話のセーフティーネットが働いていない状態ともいえます。

「質問」でお客様の意思や理解を確認しよう

　そうした非言語コミュニケーションの減退をカバーするには、リアル以上にお客様の心情にいっそう積極的に寄り添い、しっかり意思や理解を確認していくことが大切です。

確認内容の例

■ **営業担当者の説明に対する理解の確認**
「いかがですか？ ご不明な点があればお気軽に仰ってください」

■ **営業担当者の説明に対する反応の確認**
「いまご説明した機能について、貴社の現場でもニーズを感じていただけそうですか？」

■ **お客様の発言内容の確認**
「なるほど。いま、〇〇様が仰ったことは『〇〇〇〇〇』という理解でお間違いないですか？」

■ **お客様の質問の意図に対する確認**
「ちなみに、やはり価格の面で気になる点があるということでしょうか？」

　先ほどご説明した「（マシンガントークにならないよう）間を空けながらゆっくり話す」ことと併せて、こうした「質問」で確認を行うことで、お客様に安心感を得てもらうことができます。

　また、お客様により多く話してもらえるため、会話を楽しんでもらえますし、関係性も向上します。情報収集もでき、有意義なZoom営業につながります。

📹 円滑なコミュニケーションのための準備

「アイスブレイク」を取り入れよう

　「アイスブレイク」とは、会議やセミナー、初めて会う人との会話の際に、事前に緊張をほぐしてコミュニケーションを円滑にする取り組みのことを指します。

　セミナーであれば、自己紹介の時間を設けたり、簡単な心理ゲームを行ったりするなどの手法がありますが、営業における担当者とお客様のあいだでは、「雑談の時間」と考えるのがいいでしょう。この時間を設けることで、お互いの理解が深まり、商談の雰囲気が大きく変わります。

Zoomは「無駄がない」ので雑談がしづらい？

　訪問営業にあって、Zoom営業にない時間。それは、「会ってから着席するまでの時間」です。BtoB営業では、エントランスで担当者に会い、軽い挨拶をしてエレベーターで会議室に向かう間、オフィスの雰囲気のこと、天気や時事ネタ、相手のファッションなど、移動時間で雑談ができます。また名刺交換の際も雑談ができ、すでに数回のコミュニケーションがあることで、着席してからも雑談から入りやすい雰囲気を生み出せます。

　一方、Zoomは、いわば「いきなり会議室に着席」の状態のため、雑談をするしかないような「無駄な時間」がありません。だからこそ、積極的にアイスブレイクを行う必要があるのです。

「キドニタテカケシ衣食住」とは？

　これは訪問営業でもいえることですが、「初めて会う相手に何を取っ掛かりにして話していいかわからない」という営業職のお悩みは、特に新人に多いようです。そんなお悩みの基本的な解決策が、「キドニタテカケシ衣食住」です。

雑談のネタの例

キ：季節　「もうすっかり秋めいてきましたね」

ド：道楽（趣味）「何かスポーツをされているんですか？」

ニ：ニュース　「〇〇（芸能人）の結婚の話題でもちきりですね」

タ：旅　「ご実家、長崎ですか。3年前に旅行で行きました！」

テ：天気　「明日は大雨になるようですね」

カ：家族　「今度、うちの小3の息子が運動会なんですが」

ケ：健康　「お茶って抗ウイルス作用があるらしいですね」

シ：仕事　「御社でもテレワークを推進されているのですか？」

衣：ファッション　「そのネクタイ、すごくいい柄ですね」

食：グルメ　「この辺、おいしそうなお店が多いですよね」

住：住まい　「お住まいは、この近くなんですか？」

　Zoomでも、こうした切り口を参考に雑談を振ってアイスブレイクの時間を設けるといいでしょう。お客様がZoom初心者であれば、「よろしければ使い方に慣れるまで2、3分ほど雑談をいたしませんか？」と提案するのもいいでしょう。

可能なら事前の下調べをしておきましょう

　ただし、上記のような切り口も、脈絡なく切り出せるものは多くありません。Zoomではファッションや持ち物など、見える情報も少ないからです。そこで、可能であればSNSや企業情報などから、お客様との雑談のネタになる情報を調べておきましょう。

　また、トークスクリプトでご紹介したように、先にメールで自分の情報をいくつか伝えておくことで、会話の切り出しにつなげることができます。

Zoom営業は、これからの「営業」の価値を変える

いま、まさに営業の仕事はデジタルシフトによって大きく変化しています。最後に、企業の最前線に立ち、人と人とのコミュニケーションで成り立つ「営業」の仕事のあり方について考えてみましょう。

🎥 デジタル化と分業化が進む営業職の仕事

　みなさまもご存知のとおり、いま、営業職を取り巻く環境は急速にデジタル化が進んでいます。メディアの中心がWEBに変わることで、顧客情報を効率的に活用でき、ビジネスのかたちが大きく変化しています。例えば以下のとおり。

- ■ **お問い合わせ対応** ➡ 自動対応するチャットボット
- ■ **営業先リスト** ➡ 自動作成ツール
- ■ **見込み客の創出** ➡ MA（マーケティングの自動化システム）
- ■ **案件や売上の管理** ➡ SFA（営業支援システム）
- ■ **顧客情報の管理** ➡ CRM（顧客関係管理システム）

　これまで、新規開拓から既存顧客への御用聞きまで、あらゆる接点でお客様の窓口となるのが営業職でした。しかし、近年ではシステムを活用することで、営業職の仕事は分業化される流れもあります。例えば、マーケティングとインサイドセールス、フィールドセールスへの分業です（分業の仕方や役割は、商品・サービスの特性や企業によって異なります）。

　そのなかで、従来の営業職のかたちに近く、お客様とのダイレクトコミュニケーションに特化した役割がフィールドセールスです。

営業職の仕事を分業化した例

■マーケティング

メルマガ、DM、オウンドメディア（自社サイト）、WEB広告などを通じた
マーケティング活動によって、新規顧客の問い合わせを促進。顧客情報
の獲得を図る。

■インサイドセールス

マーケティングの施策によって問い合わせてきた見込み顧客への対応の
ほか、テレアポなどの新規開拓も担当。顧客情報をもとにノウハウ集や
事例などの情報提供、DMによるリマインドを行い、製品・サービスへの
顧客の関心を育てる。

■フィールドセールス

関心の度合いが高い見込み顧客の情報をインサイドセールスから受け取
り、訪問やテレアポなどのダイレクトコミュニケーションを実施。提案か
らクロージング、初期サポート、その後の対応窓口などを担当。

▶ 営業職に求められる生産性はさらに加速する？

新型コロナウイルス感染症の感染拡大による影響から急激に広がっ
たZoom営業も、いわば営業活動のデジタル化の一端といえます。

この書籍では、従来の営業職が受け持つ広い役割を前提に、テレアポ
によるゼロベースの新規開拓からZoom営業の可能性をご説明しまし
た。しかし今後、分業化が進んでいくとすれば、フィールドセールスの
分野でZoom営業と訪問営業を使い分けていくことが重要になると考え
えられます。

分業化により、フィールドセールスは提案以降の営業プロセスを受け
持ち、ひとりあたりの担当する顧客数は増えていくでしょう。そこに、
時間と距離の制約を取り払うZoom営業という手段が加わることで、求
められる担当顧客の数や1日あたりの対応数はさらに増加する可能性
があります。

第8章

Zoom時代も変わらない営業にとって大切なマインド

155

その結果、危惧されるのは「極力Zoomだけで合理的に完結させたい」という考え方になることです。顧客一人ひとりに向き合うことよりも、効率的に「さばく」ことが重視されていきます。

　しかし、それでは「顔が見える」こと、「生身の人間と話し合うこと」の価値は意味をなくしてしまいます。お客様の側からすれば、合理的にわかりやすく説明を受けるための手段なら、営業担当者ではなく動画とAIによる自動応答システムがあれば十分だからです。

　いま、営業職にとって、「生産性の向上」と「営業職の存在価値」が問われる時代になっていると思います。

📹 Zoom営業は、訪問営業の価値をアップデートする

　さあ、冗長な話になってきましたので、結論を言いましょう。私たちは、**Zoom営業によって効率的に「心あるコミュニケーション」を行っていくべき**なのです。

　Zoom営業を通じて生産性を追い求めるだけではなく、Zoomでも人の価値を表現し、デジタルのなかに温度あるビジネスのかたちを示すことが新しい時代における役割なのです。

　訪問営業に比べ、Zoom営業では心の伝わり方、伝え方は異なります。でも、伝わらないわけではありません。どんな通信手段であれ、お客様は自分を理解し、尊重し、助けてくれる存在を求めています。

　たとえ成果として役に立てていなくても、自分のために心を砕いて頑張ってくれた人、会うだけで気持ちを高めてくれる人を人間は好きになります。もし、それがZoom越しでしか話したことがない人なら、「いつか直接会って話してみたい」と感じるはずです。

　そうして、いずれ訪問営業による面会を果たしたとき「やっとお会いできましたね」と、お互いが喜び合えるとしたら、生産性重視の時代において、訪問営業はその時間的コストに対して十分な価値を持つものにアップデートされるでしょう。

📹 Zoom営業が「営業」という仕事のイメージを変える

そんなふうに、あなたに感謝し、好んでくれるお客様に、もっと多くもっと密に、Zoomで時間と距離を超えて出会いましょう。それが、営業職の仕事における「人」の価値を社会に示すことにつながります。

そしてなにより、Zoom営業で感謝と喜びの輪を広げることは、「怒られ、叩かれ、辛くて苦しい」という営業職の仕事のイメージを変えることにつながります。

お客様が自分を尊重してくれる人に会いたいように、私たち営業も自分を尊重してくれるお客様に会いたいのです。自分の仕事が社会を動かし、役に立つ実感を得られる瞬間は、多ければ多いに越したことはありません。

ぜひ、営業の仕事を怖がる新人社員にも、Zoom営業で心を込めてお客様と接することからはじめ、営業の仕事のよろこびを感じさせてあげてください。

Zoom営業は、
あなたが「営業」という仕事を
もっと、もっと好きになるための
唯一無二のデジタルシフトなのです！

読者のみなさまへ
「Zoom営業」動画と支援事業のご案内

　この度は、拙著『Zoom営業の教科書』をご覧いただき、誠にありがとうございました。最後に、読書のみなさまに大切なメッセージがあります。

「ぜひ、実践することをお約束してください」

　厚かましいようで恐縮ですが、「わかった気になって何もしない」ことほど時間の無駄はありません。せっかく大切な時間を割いて得た知識です。このあと、あるいは明日にでも、Zoomをダウンロードして触れてみましょう。変化の第一歩を起こしてください。

　本著はZoom営業の入門書として必要なことを徹底的に議論し、「どのようにすれば、どの世代の経営者や営業責任者であってもZoom営業を実践していただけるか」を考えて書き上げました。また、本著は「実践ノウハウ」もできるだけわかりやすく、具体的に記しました。

　それでも「難しい……」と感じる方には、さらに読者特典をご用意させていただきました。下記のURLより、ぜひご覧ください。

初めてでも安心 Zoom営業入門講座
URL ▶ https://www.zoom-sales.jp/lp/

読者特典
① 著者である採用戦略研究所の「Zoom営業トークスクリプト」
② 書籍の内容の根幹であるZoom営業ロープレ実演動画
③ Zoom営業実践無料相談 (最大30分)

弊社は中小企業の求人・採用支援を本業とする会社ですが、なぜZoom営業の普及に力を入れるか、不思議に思われるかもしれません。理由は単純です。

　この苦しいウィズコロナの経済環境において、日頃より関わらせていただく中小企業のみなさまに、一社でも多く「未来志向」でビジネスの可能性を切り拓いていただきたい、と考えているからです。その手段として、Zoomはこのコロナ禍のピンチをチャンスに変え、新しいお客様に出会い、既存顧客とも接点強化を図り、売上アップにつなげられることが明白なツールなのです。

　そこで、弊社ではお客様のZoom営業を促進するため、新たに「Zoom営業支援事業」を2020年4月より展開することにいたしました。本著の内容を実践してみたいけど「うまくいくだろうか？」と不安に感じる方は、ぜひご参加ください。

　このZoom営業支援では、企業や業種によって求められるノウハウも異なるため、参加企業のみなさまと手探りでスタートします。期限は未定ですが、100社程度の企業をモニターとして受け入れ、ともに研鑽を積みたいと思っています。詳しくは、左記のZoom営業動画のURLからご確認ください。

　なお、本著執筆においては、株式会社ザメディアジョンの山本速様始め、吉田大悟様、岩川悟様にも大変お世話になりました。執筆が初めての経験でしたので、たくさんのわがままにも対応いただき感謝しております。また、日頃より、ウィズコロナのなかにおいても、共にビジョンの実現に向けて、一生懸命お仕事をしてくれる社員にも心から感謝いたします。

　みなさま、最後までお付き合いいただき誠にありがとうございました。コロナを吹っ飛ばし、今のご苦労が、明るい未来に花開くようにお互いに頑張りましょう！

株式会社採用戦略研究所　一同
梅田本社より

[著者紹介]

株式会社採用戦略研究所

2014年4月の創業以来、深刻な人材不足に陥る飲食チェーンや製造派遣業を中心に、求人広告のみに頼らない新しい採用モデルを提示。これまで約1,000社の採用支援に携わり、コストを抑えた実効的な採用戦略の提案で実績を上げる。2018年〜2019年の2年連続で大阪府ベンチャー支援事業「Booming！」に採択。
2020年、新たな中小企業の支援事業として、営業代行事業を開始。Zoomを駆使した営業戦略により、多数の営業実績を上げている。

知識ゼロでも安心して始められる！

Zoom営業の教科書

2020年9月1日　　初版発行
2020年9月23日　第2刷発行

著者	株式会社採用戦略研究所
発行人	田中朋博
発行所	株式会社ザメディアジョン
	〒733-0011広島市西区横川町2-5-15
	TEL：082-503-5035
	FAX：082-503-5036
	ホームページ：http://www.mediasion.co.jp
企画	山本速
装丁・本文デザイン	齋藤良太
編集協力	岩川悟（合同会社スリップストリーム）、吉田大悟
校閲	菊澤昇吾
印刷・製本	株式会社シナノパブリッシングプレス